DÖLLING UND GALITZ VERLAG

MICHAEL GEBHARD
HERAUSGEBER

KRITIK DER KRITIK

Bund Deutscher Architekten **BDA**

11 GESPRÄCHE
ZUR
ARCHITEKTURKRITIK

Impulsgeber Architekturkritik
KARLHEINZ BEER
6

Kritik der Kritik
MICHAEL GEBHARD
8

Kritik versus Zeitgeist
URSULA BAUS
12

Kill your Darlings
ROMAN HOLLENSTEIN
22

Architektur als Bedeutungsträger
HANNO RAUTERBERG
34

Jenseits ästhetischer Wirkungen
WOJCIECH CZAJA
42

Kritik und Verantwortung
WOLFGANG JEAN STOCK
50

Kritik und Irrtum
GERHARD MATZIG
58

Recht haben und schönschreiben
BENEDIKT LODERER
68

Die Grenzen der Kritik
FRIEDRICH ACHLEITNER
76

Kritik als Selbsterfahrung
CLAUS KÄPPLINGER
82

Das Normale ist uns abhanden gekommen
DIETER BARTETZKO
90

Zwischen Anspruch und Kommerz
WOLFGANG BACHMANN
98

Biografien
106

KARLHEINZ BEER
BDA BAYERN
LANDESVORSITZENDER

IMPULSGEBER ARCHITEKTURKRITIK

Die Stadt ist für den Philosophen Walter Benjamin wie ein gut zu lesendes Buch und die Architektur wie dessen Buchstaben, die durch das Verhalten der Menschen lesbar gemacht werden und durch sie einen lebhaften Charakter bekommen. In seinen Ausführungen zur Kultur des Flanierens stellte er das leibliche Spüren ins Zentrum unserer sinnlichen Erfahrung und damit über das Sehen. Architektur zeichnet sich durch unbewusste Erfahrung aus. Sie ist uns am nächsten, viel näher als Malerei, Literatur, Theater oder selbst Musik. Architektur ist immer um uns. Sie ist „Spielraum für Leben", so der Architekturkritiker Ulrich Conrads, eine gesellschaftliche Kraft, die Gefühlen, Stimmungen und Befindlichkeiten des Menschen Raum gibt, die aber auch nach Idealen und Maßstäben einer Gesellschaft befragt werden kann. Insofern ist Architekturkritik auch mehr als nur die Besprechung eines Baus. Sie ist kulturelle Auseinandersetzung, technische, konstruktive, materielle, ökonomische Analyse, psychologische Forschung, politischer Diskurs und Gesellschaftskritik. Deshalb würdigt der Bund Deutscher Architekten BDA mit dem BDA-Preis für Architekturkritik seit 1963 die engagierte Arbeit von Journalisten und Publizisten, die die Gestaltung der gebauten Umwelt kritisch begleiten und ihre Bedeutung als wichtiges gesellschaftliches Moment einer breiten Öffentlichkeit vermitteln. Die hier versammelten Architekturkritiker sind Meister ihres Fachs – sprachlich brillant, geistig anregend und mit unbestechlichem Urteil, immer grundlegende gesellschaftliche Einflüsse präzise aufspürend, vermitteln sie Architektur als Kulturphänomen und gesellschaftliches Gut.

MICHAEL GEBHARD
HERAUSGEBER

KRITIK DER KRITIK

„Es steht nicht gut um eine Kultur der Kritik in unserer Gesellschaft. Die Ökonomisierung und Privatisierung macht vor keinem Segment der Kultur halt. Kritik muss ‚verkauft' werden."[1] Diese pessimistische Einschätzung des Filmkritikers Georg Seeßlen spiegelt eine Sichtweise auf die Kritik wider, die man inzwischen als Allgemeingut bezeichnen kann, so oft begegnet sie einem. Wie aber steht es wirklich um die Kritik? Ist nicht das Gerede von der Krise der Kritik so alt wie die Kritik selbst? Kritiker sind in einer Gesellschaft, die so reichlich wie nie zuvor schnell gefällte, oftmals unreflektierte Urteile verteilt, wichtige Seismographen einer aufmerksamen und interessierten Öffentlichkeit. Sehen sie sich aber tatsächlich noch einem gesellschaftlichen Auftrag verpflichtet, oder haben sie sich längst ökonomischen Zwängen ergeben? Kritiker sprechen, schreiben, vermitteln und publizieren – oft ohne nennbaren Erfolg. Was treibt sie, sich trotz Ignoranz und Krisengerede immer wieder aufs Neue zu Wort zu melden, zumal uns heute die neuen Medien, allen voran das Internet mit seinen Blogs, Online-Foren und sozialen Netzwerken mit immer neuen, immer mehr Informations- und Unterhaltungsangeboten beglücken. Wo liegt in diesem Umfeld die Zukunft der Kritik? „Die Holzhämmer bringen meist wenig, die säuselnden Zureden noch weniger"[2], sagt Ulrich Conrads zum Stil einer Kritik. Andernorts, in Großbritannien beispielsweise, wird seit 2012 ein Preis für mehr Witz, Schärfe und Biss in der (Literatur-)Kritik ausgelobt. Zeigt das nicht, dass der Kritik, gleich welcher Provenienz, etwas fehlt, etwas das uns mitreißt, etwas das uns gar zu begeistern vermag? Diesen und weiteren kritischen

Fragen haben sich die hier versammelten, elf renommierten Kritiker aus dem deutschsprachigen Raum gestellt. Entstanden ist ein sicherlich skizzenhaftes, hoffentlich aber aufschlussreiches Bild der aktuellen Architekturkritik und einiger ihrer wichtigsten Protagonisten. Wenn, um noch einmal mit Seeßlen zu sprechen, „die Hauptaufgabe von Kritik in unserer Gesellschaft darin besteht, ihr zu helfen sich selbst zu erkennen" [3], so trifft dies in besonderem Maße auch auf Architekten zu. Ohne Kritik können sie, ebenso wie die Gesellschaft, nur „auf sich selbst hereinfallen". Kritik muss leben, allen Abgesängen zum Trotz!

1: Georg Seeßlen: „Auftritt der Hofnarren", chrismon.
Das evangelische Magazin, 03.2013, S. 39
2: Ulrich Conrads: Zur Sprache bringen. Kritik der Architekturkritik.
(Theoretische Untersuchungen zur Architektur 4),
Ulrich Conrads, Eduard Führ, Christian Gänshirt (Hrsg.),
Münster u.a.: Waxmann, 2003
3: Georg Seeßlen: „Auftritt der Hofnarren", S. 39

URSULA BAUS

KRITIK
VERSUS
ZEITGEIST

Sie haben in einem kürzlich veröffentlichten Artikel [1] eine für den Bereich der Architekturkritik ungewöhnliche Forderung aufgestellt – der nach Pluralität. Können Sie uns näher erläutern, was Sie damit genau meinen? Kritik kann nicht in Anspruch nehmen, „Wahrheiten" zu verkünden. Kritik hat zunächst eine vorbereitende Funktion für die Architekturtheorie, das heißt, sie spürt beobachtend, analysierend, interpretierend und themenorientiert auf, was die Architekturtheorie in übergeordnete Zusammenhänge bringen sollte. Zum anderen mischt sich Kritik auch in gesellschaftliche Diskurse ein oder greift solche auf, um sie anhand der Architekturentwicklung zu prüfen. Pluralismus beschäftigt uns als Phänomen, das uns in Bereichen wie Religion, Politik, Literatur – und eben auch in der Architektur begegnet. Der eine will so oder so leben, der andere so oder so bauen: Wie aus den unterschiedlichen Vorstellungen überhaupt noch ein begreifbares Ganzes gedacht werden kann, reizt mich als „Pluralität". **Wenn ich Ihre Rezensionen lese, freue ich mich stets über die Klarheit und Eindeutigkeit des Urteils, zu dem sie gelangen. Anderweitig hat man vielfach den Eindruck, als sei eine umfangreiche, eloquente und metaphernreiche Beschreibung der hauptsächliche Sinn und Zweck der kritischen Übung. Was sind die Voraussetzungen für solch klares Urteil, und warum ist es so wenig verbreitet?** Die Urteilskraft stellt sich nicht von heute auf morgen ein. Studiert habe ich zunächst Kunstgeschichte, Archäologie und Philosophie. In diesen Studiengängen hat man alle Zeit der Welt – nie möchte ich diese Erfahrung missen. Dann erst kam die Architektur dazu – unter anderem bei Antonio Hernandez, der sich übrigens

1974 in der archithese als Erster der Geschichte der Architekturkritik angenommen hat. In der Kunstwissenschaft gilt die sorgfältige Beschreibung eines Werkes als Pflichtübung. Nicht zuletzt, weil dadurch die Beobachtungsschärfe nachvollzogen werden kann. In der neueren Architekturgeschichtsschreibung und -kritik sind durch Pläne und Fotografien bereits zwei Beschreibungsebenen mitgegeben. Die Beschreibungsaufgabe dessen, worüber debattiert werden soll, verschiebt sich dadurch. Dem Architekturstudium verdanke ich natürlich auch ein bautechnisches Grundwissen. Eine unabdingbare Voraussetzung dafür, dass sich ein Kritiker überhaupt zu Wort melden darf, ist: Er muss vor Ort gewesen sein, das Gebäude kennen, Pläne vorliegen haben, und vor allem die Umgebung kennen und Stimmen zur Nutzerzufriedenheit hören. Das heißt, auch die sozioökonomischen Themen berücksichtigen. Das sind Grundsätze der Kritik, die zum Beispiel Ulrich Conrads, jahrzehntelang Chefredakteur der Bauwelt, bereits formuliert und befolgt hat. Daran halte ich mich auch. Ich schreibe nie eine Architekturkritik, wenn ich nicht vor Ort war. Metaphern, die Sie angesprochen haben, sind bereits ein Interpretationsergebnis und dürfen in ihrer Treffsicherheit hinterfragt werden. Sie vertuschen manchmal, dass der Schreibende nicht vor Ort war! Einen Teil meiner „Sicherheit im Urteil" beziehe ich also daraus, dass ich Beobachtungsschärfe lernen musste, die für eigene Anschauung des Raumes durch nichts zu ersetzen ist. Einen weiteren Teil verdanke ich der Tatsache, dass ich eben kunstwissenschaftliche Methoden kenne, aber auch Architektur mit allem, was in guten Studierzeiten an einer guten Hochschule mit Auslandserfahrung dazu gehört. Salopp gesagt: An vielen Stellen des Beobachtens weiß ich, was man als Architekt anders hätte machen können – oder sollen. Und dann sind wir wieder beim Pluralismus: Man muss begründen können, warum etwas so oder so oder allenfalls so sein sollte, um Pluralismus von Willkür und Beliebigkeit zu unterscheiden. **Erklärende Vermittlung vs. analytische Kritik. Zwei Begriffe, die in Gesprächen mit Kritikern in unterschiedlicher Gewichtung immer wieder auftauchen. Wo sehen Sie den Schwerpunkt Ihrer Arbeit?** Weil ich meistens in Fachmedien schreibe, liegt mein Schwerpunkt in der analytischen Kritik. Laien muss man Architektur erst einmal vermitteln – eine überaus schwere Aufgabe übrigens. Leser von Fachmedien sollten jedoch in der Lage sein, mit Fotografien und Plänen vor Augen der analytischen Kritik problemlos zu folgen. Im besten Fall sollten sie dazu animiert werden, auf die Reise zum Gebäude zu gehen und sich eine eigene Meinung zu bilden. Das gilt dann wieder für die Architekturvermittlung: Wenn es ihr gelingt, Menschen zum Besuch eines Ortes zu bewegen: Chapeau! **Die Architektur unserer Tage, insbesondere die publizierte, scheint von einem Aufmerksamkeitssyndrom geprägt zu sein. Punkte auf einer imaginären Aufmerksamkeitsskala sind wichtiger geworden als Qualitätsmerkmale der Architektur selbst und auch wichtiger als die Bedeutung des qualifizierten Urteils einer Architekturkritik. Das heißt, es ist inzwischen wichtiger, dass ein Kritiker über ein Projekt schreibt, als was er schreibt. Ein Dilemma für die Kritik. Gibt es überhaupt einen Ausweg?** Oh je. Das Aufmerksamkeitsdrama. Zwei sehr wichtige

Themen haben Sie hier angesprochen. Zum einen die Aufmerksamkeitspunkte, die beispielsweise in allen möglichen „Rankings" nach einer Hau-den-Lukas-Methode vergeben werden. Dabei hadere ich auch mit meinen lieben Kollegen vom Baunetz, deren Arbeit ich ansonsten sehr schätze. Mir graut vor Rankings. Die Rankings sind eine Vorform der blödsinnigen Facebook-Manier „Daumen-rauf-oder-runter". Wenn geschrieben wird, dass Architekt X echt alles falsch gemacht hat, steigt er im Ranking durch die Anzahl der Veröffentlichungen. Das kann es doch nicht sein. Aber zum Ausweg: Ja, klar, den gibt es. Weg mit den Rankings und statt der quantitativen Urteile die qualitativen einfordern und auswerten. Tja, das kostet Sachverstand und Zeit. Beides ist teuer und wird deswegen nicht ohne Not in Auftrag gegeben. Aber wie soll man sich sonst gegen die Tyrannei anonymer Ranking-Mehrheiten wehren? Manche Architekten wissen leider nur zu gut, wie sie Aufmerksamkeit wecken können. Selbstvermarktung aus dem Effeff. Aber die könnte nicht gelingen, wenn die Kritik wacher wäre. Wenn beispielsweise die FAZ einen Villenbau von Jürgen Mayer H. in einem Atemzug mit der Weißenhofsiedlung in Stuttgart genannt wissen will, dann kann man nur fassungslos den Kopf schütteln. Voraussetzungen, unter denen Architektur entsteht, dermaßen kenntnislos zu ignorieren, dürfte nicht – und der FAZ schon gar nicht – passieren. **Wir haben uns angewöhnt, über die Veränderung, ja Revolutionierung der Medienlandschaft, den veränderten Umgang mit Information usw. zu sprechen. Sie selbst publizieren in Printmedien und im Netz, in der Regel mittels des gesprochenen Wortes.**

Wenn der Umgang der Jüngeren mit Information so viel anders ist als der Älterer, müsste man nicht zu dem Schluss kommen, dass für das Heranführen an Fragen von Architektur und Städtebau und deren differenzierte Betrachtung auch neue und diesem Medienumgang adäquate Formen gefunden werden müssten? Unbedingt. Medienvielfalt ist grundsätzlich zu begrüßen. Print und Online ergänzen sich, und erstaunlich ist, dass beispielsweise in den USA neue Printmedien wie The Point oder Jacobin ausgerechnet von jungen Publizisten gegründet worden sind. Aber Sie sprechen explizit die Online-Medien an. Schwierig ist einfach, dass hier die schon beklagte Hauden-Lukas-Methode in „Klickzahlen" noch heftiger ausgereizt wird als weiland bei den Printmedien. Wie also grundsätzlich ein inhaltliches Niveau erhalten oder sogar ausgebaut werden kann, ist nicht leicht. Wir – also meine Kollegen bei frei04 publizistik, einer Partnerschaftsgesellschaft, die Christian Holl, Klaus Siegele und ich als einstige Fachzeitschriftenredakteure 2004 gegründet haben – sind seit 2005 für die redaktionellen Inhalte des Portals www.german-architects.com zuständig. Unsere Herausgeber sind in Zürich ansässig und haben bestens erkannt, dass redaktionelle Freiheit etwas ist, was Online-Journalismus auszeichnet. Ausgerechnet unsere langen Beiträge werden am meisten gelesen. Das freut uns, kann aber nicht genügen. Für medienadäquate Experimente bräuchten wir jetzt Regisseure, Kameramänner und müssten selbst eine Art Drehbuchautor werden. Das und alles, was interaktiv über Facebook und Twitter hinausgehen muss, kostet leider viel Geld. **„Kritik bedarf der Entschleunigung, will sie den nötigen, der Wissens-**

und Urteilskraft zuträglichen Abstand zur Sache gewinnen."[2] **Ein Zitat von Ihnen. Was ist unter Entschleunigung im Zusammenhang mit Kritik zu verstehen?** Kritik darf, wie gesagt, nicht aus der Hüfte geschossen werden. Architekturkritik sollte sich schon gar nicht darauf einlassen, eine Sau nach der anderen durchs Dorf zu jagen. Die Gefahr habe ich in der Architektur vor wenigen Jahren noch nicht gesehen, jetzt aber schon. Und mehr noch: Weil unser ganzes Bauwesen extrem intransparent ist – denken Sie nur an die Misere mit Großprojekten wie Stuttgart 21 oder Flughafen Berlin-Brandenburg –, ist es jetzt vollkommen richtig, auch in der Architekturkritik schneller als früher auf Fehlentwicklungen hinzuweisen. Entschleunigung in der Bewertung des Fertigen einerseits, aber andererseits schleunigst darauf hinweisen, wenn beispielsweise Genehmigungs- und Abrissprozesse ihren Lauf nehmen: Die Aufgaben für die Kritik werden mehr, werden auch im Bereich Architektur und Stadtplanung „ereignisgesteuert". Auch die Chronistenpflicht spielt inzwischen eine Rolle: Wenn das Internet zum „ausgelagerten Gedächtnis" von Individuum und Gesellschaft wird, muss man es als Online-Redaktion entsprechend „füttern". **Der Journalist Andreas Bernhard hat einmal in einem Essay**[3] **für die Süddeutsche Zeitung vom Verschwinden des Normalbenzins geschrieben. Er nutzte das als Bild für das Verschwinden des Normalen, des Durchschnittlichen in der Gesellschaft. Das lässt sich auch auf Architektur übertragen. Das „ Normale", auch das Beachtenswerte und Vorbildhafte findet keine Beachtung mehr. Die Kritik leistet hier ihren Beitrag, von dem sie in der Regel behauptet, das sei weniger gewollt als durch** äußere Umstände erzwungen. **Kann und will Kritik dieser Tendenz gegensteuern?** Der Architekturalltag hat sich als geschwürartiges Problem der Kritik entwickelt. Die Parallelwelt der Architektur, die Immobilienwirtschaft, ist zu einem Monster gewachsen, das in der Kritik einfach nicht auftaucht. Immer mal wieder wird die Ökonomie als baukulturschädlich gegeißelt – meistens zu Recht –, aber als strukturelles Problem wird Baukultur im Zusammenhang mit Ökonomie und Politik nicht angetastet. Systemfragen geht niemand mehr an. Aber Ökonomie und Politik fallen nicht vom Himmel, sondern müssen als menschengemachte und menschengewollte Phänomene berücksichtigt werden. Dass sich niemand mehr an Systemkritisches wagt, hat sicher auch damit zu tun, dass unser Land und unsere Bürokratie nicht mehr reformierbar sind. Wer Systemkritisches vorschlägt, wird als Visionär oder naiv abgeschoben. **In einem Beitrag für die FAZ mit dem Titel „Architekten: Auf die Barrikaden!"** [4] **hat Niklas Maak darauf hingewiesen, dass einer umfassenden Ökonomisierung des Bauens eine Entpolitisierung des Baudiskurses gegenübersteht. Damit sind in einem Satz zwei Einflussfaktoren auf Architektur und Städtebau genannt, die Ökonomie und die Politik, die in dem genannten Zusammenspiel fatale Wirkungen erzeugen. Warum gelingt es der Architekturkritik so wenig, diese Themenkomplexe und ihre Abhängigkeiten in der Öffentlichkeit zu verankern?** Niklas Maak hat völlig recht. Architekturkritik gehört eben nicht nur in die Fachblätter und als Zuckerperlchen in die Feuilletons, sondern eher wie Wadenbeißer in die Wirtschafts- und Immobilienteile der Zeitungen und Webportale. Es fällt doch auf, dass beispielsweise im Wirtschaftsteil der FAZ jedes Prozent Wachstum in der Immobilienwirtschaft bejubelt wird, während wir alle genau wissen, dass kein Quadratmeter des Bodens neu versiegelt werden sollte. Weder mit Häusern, noch mit Straßen. Aber darin zeigt sich das Abstruse einer Gesellschaft, die sich ihrer Werte nicht mehr in gesamtgesellschaftlichen Diskursen versichert, sondern die „Werte" an mehr oder weniger mächtige Politiker und an viele Lobbyisten delegiert. Auf einen Politiker in Brüssel kommen laut LobbyPlag.eu 30 bis 40 Lobbyisten. Wer glaubt denn, dass auf diese Weise so etwas Altmodisches wie das Gemeinwohl, also auch eine Baukultur zu retten sei? **Was wird wohl in Zukunft die größte Herausforderung für die Architekturkritik sein?** Ihre Unabhängigkeit mit fachlicher Qualifikation zu wahren. Von der Fachpublizistik aus das „Laienpublikum" zu erreichen. Und, kleiner Scherz, an Stammtischen dann für so wichtig gehalten zu werden wie samstags abends die Bundesliga.

1, 2 : Ursula Baus: „Wie wir über Architektur streiten",
german-architects Magazin, 12/2009, http://news-world-architects.com/
de_09_12_onlinemagazin_gegensaetze_de.html
3: Andreas Bernard: „Normal – Das Prinzip", SZ-Magazin, 06/2008
4: Niklas Maak: „Architekten: Auf die Barrikaden!", FAZ, 26.11.2011

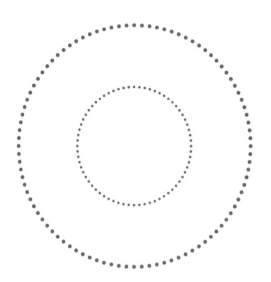

ROMAN HOLLENSTEIN

KILL
YOUR DARLINGS

Herr Hollenstein, Sie sind 2012 mit dem BDA-Preis für Architekturkritik ausgezeichnet worden. In seiner Laudatio hat Jörg Gleiter Ihre Arbeit in einen theoretischen Kontext eingefügt, der mir eine wunderbare Vorlage bietet, um daraus einige Fragen zu Ihrer und zur Architekturkritik im Allgemeinen abzuleiten. Gleiter spricht davon – und das empfinde ich auch so –, dass Ihre Rezensionen immer zuerst von der architektonischen Erfahrung ausgehen. Welchen Stellenwert messen Sie der Darstellung sinnlicher Erfahrung in der Kritik bei? Architektur manifestiert sich auf verschiedene Arten. Die wichtigsten sind das Projekt und der realisierte Bau. Den Projekten kann man sich über Pläne, Modelle und Renderings annähern. Doch beurteilen kann man sie nur auf einer rationalen Ebene. Realisierte Bauten hingegen stehen physisch in der Stadt- oder in der Naturlandschaft. Unser erster Kontakt mit ihnen ist daher meist nicht rational, sondern eher emotional. Hat diese erste, visuelle Annäherung einmal stattgefunden, wird man als Kritiker anschließend bei der Wertung des Bauwerks zunächst ebenfalls das Entwurfsmaterial des Architekten studieren. Denn die Pläne erleichtern einem das Begreifen eines komplexen Gebäudes und der dahinterstehenden Ideen des Architekten. Doch erst die „Promenade architecturale" und die damit verbundene physische und sinnliche Erfahrung des Raumgefüges, des Lichteinfalls, der verwendeten Materialien und der ausgeführten Details ermöglicht es dem Kritiker, subjektiv gültige Aussagen über ein Gebäude, dessen Erscheinung und Wirkung zu machen, aber auch darüber, wie man sich als Nutzer in ihm fühlt. Die physisch-sinnliche Erfahrung bestimmt letztlich unsere von Zuneigung oder Ablehnung geprägte Reaktion auf ein Gebäude und damit auch, wie wir es anschließend intellektuell werten und wie und ob wir es in unserem Gedächtnis speichern. Diese Erfahrung können selbst gut gemachte Filme oder Computerbilder nicht ersetzen. Sie erlauben einem höchstens eine oberflächliche Annäherung an ein Gebäude. Da sich aber immer mehr Menschen über medial verbreitete Bilder der Architektur nähern, erstaunt es nicht, dass Häuser immer öfter als Form und Hülle und immer seltener als Gebilde aus Raum, Licht und Material wahrgenommen werden – was bereits Auswirkungen auf die Architektur hat.

Es gibt eine altbekannte und häufig beschriebene Auffassung, die besagt, dass von den Künsten die Architektur diejenige ist, die sich der sprachlichen Fassung am meisten entzieht. Im Umkehrschluss heißt dies, dass der Architekturkritik die schwierigste Aufgabe im Bereich der Kritik zufällt. Welche Mittel sind das, mit denen Sie als Kritiker versuchen, die räumliche oder sinnliche Erfahrung ebenso wie ihre gesellschaftliche Bedeutung sprachlich zu erfassen und dem Leser zu vermitteln? Das ist eine schwer zu beantwortende Frage. Ich versuche, die Texte inhaltlich möglichst konsequent aufzubauen und sprachlich präzise zu formulieren. Dabei fallen mir die Worte zu. Das lässt sich nicht immer rational kontrollieren. Erinnerungen, Vergleiche, Metaphern, aber auch einfache Baubeschreibungen spielen bei der Vermittlung räumlicher oder sinnlicher Erfahrung eine Rolle. Wichtig ist am Schluss ja vor allem, dass sich die Leserschaft ein Bild des Gebäudes und der von mir beanstandeten oder positiv hervorgehobenen Aspekte machen kann.

Bleiben wir noch kurz bei der Transformation sinnlicher und räumlicher Erfahrung in Sprache. Gibt es für Sie diesbezüglich Vorbilder, etwa in der Literatur? Unsere Sprache wird stets von Vorbildern geprägt, ohne dass man diese immer klar benennen kann. Für mich waren unterschiedliche Vorbilder wichtig – von den schnörkellosen Beschreibungen in Goethes „Italienischer Reise" über die Sachlichkeit von Sigfried Giedion, Nikolaus Pevsner und Kenneth Frampton bis hin zu Rem Koolhaas' reportageartigem Stil. Es wäre selbstverständlich schön, wenn auch die Sprache von Lieblingsautoren wie Jean-Jacques Rousseau, Thomas Mann, Max Frisch, David Grossman, Tom Wolfe oder Alan Hollinghurst etwas auf mich abgefärbt hätte – und nicht zu vergessen: die Lyrik von Horaz, Hölderlin, Rilke, Stefan George und Ingeborg Bachmann. **Kritiker sind immer auch Vermittler. Das würden sicherlich viele, aber nicht alle unterschreiben. Manche wie zum Beispiel Hanno Rauterberg betonen deutlich die Wichtigkeit der Urteilskraft einer Kritik und messen dieser als Fixpunkt eines Diskurses größere Bedeutung bei als der Vermittlung. Auf welcher Seite sehen Sie sich selbst?** Kritik ist immer gut. Doch sollte sie in einem dichten publizistischen Kontext stehen. Im Feuilleton einer Tageszeitung, das zwei bis drei längere Architekturbeiträge pro Woche veröffentlichen kann, sollte die Gewichtung von Kritik und Vermittlung immer sorgfältig abgewogen werden. Im Prinzip besteht der erste Akt der Kritik in der Wahl des vorzustellenden Objekts aus einer Flut von anderen möglichen Objekten, was letztlich auch einen Akt der Vermittlung darstellt. Gerade wenn ein Gebäude nicht aus der näheren geografischen Umgebung der Leserschaft stammt und deswegen in der regionalen Öffentlichkeit nicht diskutiert wird, ist eine weiterführende Vermittlung zumindest aus der Sicht des Publikums wichtiger als die fachmännische Kritik. Nehmen wir als Beispiel die Elbphilharmonie. In Hamburg ist sie ein alltägliches Thema. Deshalb kann eine dort erscheinende Zeitung auf der Ebene der Kritik ganz anders mit ihr umgehen als eine Zeitung in Zürich. Sie muss zunächst eine Vermittlerarbeit erfüllen und erklären, wo dieser Bau realisiert wird, wie seine Umgebung aussieht, was vorher dastand, aber auch was er bedeutet und wie seine Stellung innerhalb der gegenwärtigen Architektur ist. Dann wird man das Werk beschreiben und dabei oder nachher seine kritischen Gedanken einfließen lassen. Da die zeitgenössische Architektur trotz ihrer Allgegenwärtigkeit selbst für interessierte Laien oft schwierig zu beurteilen ist, muss man die Leserinnen und Leser immer wieder von neuem an das Thema heranführen. Den Stand der heutigen Baukunst, ihre theoretischen Grundlagen, ihre Absichten und Möglichkeiten kann man am besten an bedeutenden Gebäuden erklären. Handelt es sich bei diesen um Kulturbauten, von denen es mittlerweile ja so etwas wie einen Kanon gibt, so wird man die kritische Analyse und die vergleichende Kritik ausführlicher betreiben können als etwa bei einem innovativen Bürohaus. Ich denke hier an zwei faszinierende, jüngst fertiggestellte neoklassizistische Glasbauten von Peter Märkli in Solothurn und von Bearth & Deplazes in Landquart. Bei diesen Gebäuden ist die erklärende Vermittlung sicher wichtiger als die Kritik, gilt es doch, auf den ersten Blick höchst irritierende Bauten dem Publikum in Form einer aufbauenden Würdigung zugänglich und verständlich zu machen. Als Kritiker kann man schnell über das Ziel hinausschießen, wie ein weiteres Beispiel zeigt: Es ist noch nicht so lange her, da wurde in einer deutschen Fachzeitschrift die spannende Holzkonstruktion der neuen Tamina-Thermen von Joseph Smolenicky in Bad Ragaz kritisch zerpflückt und als kitschig gebrandmarkt. Dabei ging es dem Kritiker offensichtlich weniger um das Gebäude, das er entweder nie im Original gesehen oder aber völlig falsch verstanden hat, als vielmehr um eine gockelhafte Selbstinszenierung, die sicher nicht zu den Fixpunkten des Architekturdiskurses gezählt werden kann. Kurz: seriöse Vermittlung bringt mehr als selbstverliebte Kritik. Und Kritik – auch die eines luziden Geistes – ist letztlich immer subjektiv. **Die Architekturkritik muss sich heute in einem medialen Umfeld behaupten, das sich allein innerhalb der letzten zehn Jahre dramatisch verändert hat. Inwiefern hat dies Auswirkungen auf die Kritik gehabt und wird es möglicherweise in Zukunft haben?** Die Möglichkeiten der Architekturkritik außerhalb der Fachzeitschriften waren stets begrenzt. Immerhin wurde sie seit den 1980er Jahren in den ambitiöseren Tageszeitungen sukzessive ausgebaut, nicht zuletzt in der Neuen Zürcher Zeitung. Diese schuf eine monatliche Architekturbeilage und verstärkte in den 1990er Jahren die Präsenz der Architektur auch im Tagesfeuilleton. Die Umwälzungen im Medienbereich, die sich im Rückgang der Inserate und der Leserzahlen sowie im Erfolg der Gratiszeitungen manifestierten, führten zu Beginn des neuen Jahrhunderts bei vielen Qualitätszeitungen zu Sparmaßnahmen. So hob die NZZ im Juni 2009 die

Beilage „Architektur Design" auf. Seither ist die Architekturberichterstattung in der NZZ ähnlich zufällig wie in den anderen großen Tageszeitungen im deutschsprachigen Raum. Wie diese Zeitungen in zehn Jahren aussehen werden, lässt sich heute nicht sagen. Die Leser werden zwar weiterhin gedruckte Ausgaben wünschen, aber wohl kaum mehr bereit sein, den entsprechenden Preis dafür zu bezahlen. Schon jetzt haben die Gratiszeitungen, die Online-Ausgaben der Tageszeitungen und andere Online-Angebote dazu geführt, dass viele Leser meinen, sie hätten Anrecht auf kostenlose Information. Dadurch wächst auf die Zeitungsredaktionen der Spardruck weiter. Das könnte zur Folge haben, dass im Kulturbereich bald schon Abstriche gemacht werden müssen. Als erstes treffen könnte es dann die Architekturkritik, das jüngste Kind des Feuilletons. Damit ginge der Architektur eine wichtige unabhängige Plattform verloren. Davon könnten neben Architektur-Blogs wohl auch Online-Architekturmagazine profitieren, wobei man sich dann die Frage nach deren Unabhängigkeit wird stellen müssen. **Die klassische Architekturkritik ist die des geschriebenen Wortes. Andere Formen gibt es derzeit nur in Ansätzen. Könnte nicht zum Beispiel in kurzen filmischen Beiträgen oder Videoclips zur Architektur, wie man sie in der Musikbranche kennt, möglicherweise ein großes und spannendes Potential auch für ein größeres Publikum liegen?** Ich könnte mir das durchaus vorstellen. Seit geraumer Zeit werden ja gelegentlich Dokumentarfilme über Architektur im Kino oder Filmbeiträge im Fernsehen gezeigt, und im Internet gibt es mittlerweile eine Flut von Architekturvideos. Diese filmischen Dokumentationen können einem durchaus ein Bild eines Gebäudes vermitteln. Allerdings sind sie meist eher deskriptiv als kritisch. Und die Leute, die sich die Filme anschauen, sind letztlich diejenigen, die auch geschriebene Architekturberichterstattung konsumieren: Architekturstudenten, Architektinnen, interessierte Laien. **Es gibt Stimmen, die der Kritik zusprechen, ein gewichtiges Maß zum Fortschritt der Profession – gemeint sind die Architekten und Stadtplaner – beizutragen. Worin liegt Ihrer Ansicht nach dieser Beitrag?** Ich zweifle an dieser Behauptung. Meines Erachtens kann die landläufige Architekturkritik in erster Linie die Bauherrschaften und allenfalls die interessierten Laien erreichen, sie in ihrer Wahrnehmung der Architektur positiv beeinflussen und so zu einer Verbesserung der architektonischen Kultur auf der Seite der Auftraggeber führen. Architekten und Städteplaner hingegen nutzen meiner Erfahrung nach die Architekturbeiträge in Zeitungen und Fachzeitschriften eher zur Information, wobei sie in den Zeitschriften meist nur die Pläne und Fotos studieren, während sie in den Tageszeitungen die Texte lesen. Vielleicht gab und gibt es einige große Architekturkritiker wie Peter Blake oder Kenneth Frampton, die auch auf die Architekten und Städteplaner einen Einfluss haben – und selbstverständlich Rem Koolhaas mit seinen äußerst erfolgreichen Publikationen. Meine Erfahrung zeigt auch, dass nur wenige Architekten und Stadtplaner aktiv am architektonischen Diskurs teilnehmen. Das fängt schon an den Hochschulen an. Selbst die Mehrzahl der Absolventen von Spitzenschulen wie der ETH Zürich realisieren später im besten Falle Durchschnittsware. Das liegt nicht nur an mangelnder Kreativität, sondern auch am Desinteresse an der Kritik. **Sprechen wir über den Alltag des Kritikers. Manfred Sack, ein altgedienter Recke Ihrer Profession, spricht davon, dass mit zunehmender Erfahrung nicht die Routine zunähme, sondern die Beschwerlichkeit, da sich einem die Tücken der Sprache immer genauer eröffneten, deren Abnutzung durch dauernden Gebrauch man spüre und fürchte. Trifft das die Situation?** Das ist eine Erfahrung, die wohl jeder Kritiker macht. Nur hat es kaum einer so offen ausgesprochen und so präzise formuliert wie Manfred Sack. Die Alltagsroutine führt dazu, dass man leicht das Opfer eines selbstgeschaffenen Systems wird. Aber nicht nur bei der Wortwahl und bei den Formulierungen stößt man an Grenzen. Da hilft meist das Motto „Kill your Darlings" weiter. Hinzu kommt aber noch die Tatsache, dass sich mit der Zeit eine Vorliebe für die eine oder andere architektonische Richtung herausbildet. Hier muss man Gegensteuer geben, indem man nicht nur seine sprachlichen, sondern auch seine architektonischen „Darlings" besonders kritisch betrachtet. **Vom Kritiker wird eine Wertung, ein Urteil erwartet. Dieses kann nur aus dem Fundus seines persönlichen Erlebens und seiner individuell erworbenen Kenntnisse gespeist sein. Wie gelingt es Ihnen trotz der spürbaren Unmittelbarkeit der Erfahrung mit dem zu besprechenden Objekt ein Urteil abzugeben, das zugleich ins Allgemeingültige verweist?** Ich studiere zunächst die Pläne, sofern ich solche schon vor dem Besuch des Gebäudes erhalten kann. Anschließend besichtige ich das Gebäude, lasse es auf mich wirken und analysiere es aufmerksam bezüglich der Funktionalität, der Ästhetik und des Dialogs mit der Umgebung. Dazu mache ich mir Notizen. Auf der Rückfahrt oder zurück am Schreibtisch überprüfe ich meine Eindrücke anhand einer Liste, die sich für mich als nützlich erwiesen hat. Dabei interessiert mich, ob das Gebäude vom Entwurf her überzeugt, nachhaltige Qualitäten aufweist, einen positiven Einfluss auf die Benutzer oder auf den gebauten Kontext hat, den öffentlichen Raum stärkt, die Wahrnehmung des Ortes positiv verändert, über innovative Aspekte hinsichtlich Konstruktion, Typologie oder Material verfügt, von der Kosten-Nutzen-Rechnung her überzeugt und Ideen unserer Zeit in eine prägnante architektonische Form überführt. Dies hilft mir, meine spontanen positiven oder negativen Reaktionen rational zu filtern und so eine möglichst objektive Wertung zu erreichen. **Immer wenn ich mit Schweizer Kritikern spreche, muss ich auf die von Deutschland und vermutlich vielen anderen europäischen Ländern aus als Architektenparadies wahrgenommene Schweiz zu sprechen kommen. Gibt es Schweiz-spezifische Bedingungen für die Architekturkritik? Wenn ja, was haben sie zur Folge?** Architektur ist Architektur, auch wenn es regional unterschiedliche Ausformungen gibt. Gerade kleinere Länder wie Dänemark, die Niederlande, Österreich oder Portugal konnten in den letzten beiden Jahrzehnten dank dem ethischen, sozialen oder ästhetischen Engagement ihrer Architekten viel Aufmerksamkeit auf sich ziehen. Das gilt auch für die Schweiz. Deren Baukultur profitiert von der kulturellen Komplexität des Landes, was dazu führt, dass sich lateinisch-rationale und deutschschweizerisch-kontextuelle Ausdrucksformen gegenseitig befruchten. Für mich war es immer wichtig, zwischen den nationalen Kulturräumen – Deutschschweiz, Graubünden, Romandie, Tessin – zu vermitteln. Das ist auch heute noch so, wird doch die Tessiner Architektur, seit es um die ‚Tendenza' still geworden ist, in der Deutschschweiz kaum mehr wahrgenommen; und die lange marginalisierte Architektur der Romandie wird erst von wenigen als der Deutschschweizer Baukunst ebenbürtig erachtet. Der Architekturkritik und Architekturberichterstattung kommt in der Schweiz aber auch deswegen eine besondere Stellung zu, weil im Rahmen der direkten Demokratie in allen Kantonen, Städten und Gemeinden oft mehrmals im Jahr über Architekturprojekte und Gestaltungspläne abgestimmt werden muss. Heftig diskutiert werden derzeit [im Jahr 2012, Anm. der Redaktion] in Zürich beispielsweise formal aufwendige, funktional überfrachtete und damit kostspielige Schulhäuser, weiter ein etwas gar diskretes Projekt für ein neues Fußballstadion, vor allem aber die architektonischstädtebaulichen Auswirkungen von David Chipperfields Kunsthauserweiterung. Solche Diskussionen werden von den Tagesmedien kritisch begleitet – mit der Folge, dass es wohl kaum in einem anderen Land eine derart ausgeprägte architektonische Gesprächskultur gibt wie in der Schweiz. Ein Architektenparadies ist die Schweiz aber deshalb noch lange nicht – und noch weniger Architekturparadies. Zerstörung historischer Architektursubstanz, banale Investorenarchitektur und die Zersiedelung der Landschaft sind nur einige Stichworte, die zeigen, dass man in der Schweiz noch immer für gute Architektur kämpfen muss.

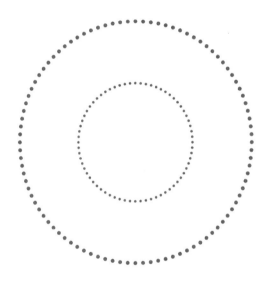

HANNO RAUTERBERG

ARCHITEKTUR ALS BEDEUTUNGSTRÄGER

Herr Rauterberg, Kritiker ist nicht gleich Kritiker. Ein Unterscheidungsmerkmal ist ihre Ausbildung. Sie gehören zu den ausgebildeten Kunsthistorikern. Worin sehen Sie Unterschiede zu Kritikern anderer Herkunft, etwa zu denen mit Architekturausbildung? Es ist schon auffällig, dass viele Architekturkritiker aus den Geisteswissenschaften kommen, also von Hause aus Historiker, Germanisten, Juristen oder Musikwissenschaftler sind. Die arbeiten dann zwar nicht unbedingt in den Fachblättern, doch in den Feuilletons haben sie das Sagen. Woran das liegt? Vielleicht daran, dass die Architekten in ihrem Studium viel über Technik, Statik, die ganzen bauphysikalischen Fragen gelernt haben. Und sich nicht selten weniger für geschichtliche Zusammenhänge oder die gesellschaftliche Bedeutung eines Bauwerks interessieren. Ikonographie ist für viele ein Fremdwort. Oder anders formuliert: Der Bedeutungskörper der Architektur scheint ihnen nicht so wichtig zu sein. Auch erlebe ich es oft, dass sich Architekten mit ihren Gefühlen schwer tun. Ein guter Architekturkritiker muss aber ein Gebäude auch empfinden und diese Empfindungen in Worte fassen können. Denke ich jedenfalls. **Sie schreiben auch über Kunst, beispielsweise in Ihrem Buch „Und das ist Kunst?".** [1] **Wo sehen Sie wesentliche Unterschiede zwischen Kunst- und Architekturrezension?** Während die Kunst in der Regel aus ihrer Autonomie lebt, ist die Architektur ja immer gebunden, fundamentiert in der Wirklichkeit. Es gibt in der Bauwelt auch keine Duchamp-Effekte, noch jedenfalls hat niemand ein Fahrrad, einen Hund oder eine Brennnessel zu einem Werk der Architektur erklärt. Das macht es für den Architekturkritiker in gewisser Weise leichter: Es gibt ein Programm, eine Funktion, der sich der Architekt zu stellen hat. Und der Kritiker kann sich daran abarbeiten, ob und wie ihm das gelingt. Umgekehrt hat es der Kunstkritiker leichter, weil sich die Kunstwerke meistens gut abbilden lassen und zudem mobil sind, sich also in Ausstellungen und Büchern auch für das breite Publikum erschließen lassen. Mit anderen Worten: Kunstwerke gewinnen leichter an Bekanntheit und Popularität. Der neue Kindergarten in Jever oder das architektonisch interessante Autohaus in Herne haben es da schon schwerer. Das heißt für den Kritiker: Er muss in seinen Rezensionen besonders anschaulich argumentieren und herausarbeiten, warum Kindergarten und Autohaus so ungemein bedeutsam sind, dass man sich auch in Freiberg oder Garbsen dafür interessieren soll. Oder er lässt es besser mit dem Schreiben. **Gilles Deleuze hat einmal über Philosophie gesagt, dass eine ihrer Kernaufgaben die Entdeckung von Konzepten sei, die Teile der Realität beschreiben und deuten könnten. Der Architekturkritik könnte man, in einem etwas weniger umfassenden Rahmen, Ähnliches zuschreiben – das Erkennbarmachen von architektonischen und gesellschaftlichen Konzepten, ihrer Umsetzung in der Architektur und ihrer Bedeutung oder auch Irrelevanz für die Gesellschaft. Welche Schwerpunkte setzen Sie, wenn Sie über Architektur schreiben?** Mich interessiert vor allem die Architektur als Bedeutungsträger, wie Günter Bandmann das einst nannte. Natürlich, auch wie ein Gebäude gemacht ist, mit welcher Sorgfalt, welcher Raffinesse es gestaltet wurde, ob es seinem Zweck gehorcht, all das sind gewichtige Fragen. Doch vor allem möchte ich wissen, was mir die

Architektur erzählt: über den Architekten, den Bauherren und mehr noch über unsere Zeit, über unsere Gesellschaft. Was zeigt sich dort, welche Vorstellungen von Behaustsein? Von Geborgenheit? Von Machtanspruch? Von Sicherheitsdenken? Von Sozialität? Um ein Beispiel zu nennen: Die Unibibliothek in Lausanne, geplant von Sanaa, will ein Freiraum sein, also das, was Universität eigentlich bedeutet. Ein Freiraum, der von den strengen Üblichkeiten des Denkens und Bauens in Horizontalen und Vertikalen nichts hält und lieber eine Landschaft sein will. Hier zeigt sich sehr anschaulich, wie sich unsere Vorstellungen von dem, was Wissen und Wissenserwerb bedeuten, verändern. Solche Veränderungen zu beschreiben, dort, wo sie Architektur werden, das interessiert mich. **Manche Kritiker – wie zum Beispiel Friedrich Achleitner – meinen, die Architekturvermittlung sei inzwischen die wichtigere Aufgabe als die Urteilsfindung. Teilen Sie diese Meinung?** Ich weiß nicht, was genau sich Achleitner unter dem Begriff Architekturvermittlung vorstellt. Doch in meinen Ohren hört er sich nicht besonders erfreulich an. Architekturvermittlung, das klingt so, als müsste all das, was sich Architekten so bei ihrer Architektur gedacht haben, an die mehr oder minder dummen Laien vermittelt werden. Als ginge es also darum, das Volk zum richtigen Architekturgeschmack zu erziehen. Diese Vorstellung finde ich schon deshalb schwierig, weil ja unter Architekten die Geschmacksverirrung auch um sich greift. Oder wer zeichnet eigentlich verantwortlich für all die abstruse Hässlichkeit, die in den Cities und Vorstädten die gebaute Umwelt dominieren? Also, Urteil ist wichtig. Denn an Urteilen kann man sich reiben, und Reibung ist für eine lebendige Baukultur unerlässlich. **Die Kritik hat es heute mit einer Vielzahl an scheinbar originellen architektonischen und städtebaulichen Lösungen zu tun, die allerdings, bei genauerem Hinsehen, in ihrer Breite oft doch nur epigonale Transformationen vielpublizierter Vorbilder sind. Welchen Stellenwert messen Sie der Originalität in der Architektur bei?**

Sicherlich kann man sich erregen – im doppelten Wortsinn – über die vielen Exaltiertheiten, den überschießenden Geltungsdrang, die allgemeine Originalitätswut. Allerdings würde ich davor warnen, den sogenannten Stararchitekten vorschnell zum Sündenbock zu machen und somit die Baukunst auszuspielen gegen das, was man das „normale Bauen" nennen könnte. Denn die Liberalität unserer Gesellschaft, die sich ja auch in der Begeisterung für das Wagnishafte und Ungewohnte zeigt, für eine Architektur, die nicht nur das Bekannte repetiert, sondern ein ästhetisches Abenteuer verheißt, diese Liberalität weiß ich durchaus zu schätzen. Andererseits stimmt es natürlich, dass ein Architekt nicht unbedingt originell sein sollte, sondern es oft viel wichtiger ist, sich auf den Kontext einzulassen, sich also in der Tugend der freundlichen Nachbarschaft zu üben. Architektur kann eben beides sein: großartige Kunst und wohlgestaltete Alltäglichkeit. Beides möchte ich nicht missen. **Kommen wir von der Originalität zur Schönheit. Es gibt hierzu ein sehr schönes Zitat von Stendhal: „Schönheit ist die Verheißung von Glück." Ein Satz, der wie kein anderer klar werden lässt, dass Schönheit ein wichtiger Teil des menschlichen Glücksverlangens ist. Kritiker, so scheint es mir, meiden den Begriff der Schönheit. Was könnte der Grund sein?**

Ich weiß nicht, ob das immer noch so stimmt. Ich jedenfalls gehöre nicht zu diesen Kritikern, auch wenn mir durchaus bewusst ist, dass Schönheit lange ein eher konservativ verwendeter Kampfbegriff war, der sich gegen eine eher funktionalistisch belegte Moderne richtete. Heute scheint mir aber die Frage nach der Atmosphäre, nach dem Empfinden von Architektur, nach ihren Gefühlswerten durchaus wieder geläufig zu sein. Schönheit ist ja nicht nur eine Verheißung, der Begriff steht ja auch für das Gefühl, dass etwas gelungen ist, dass etwas stimmt, dass ich mich angesprochen fühle von einem Gebäude. In diesem Sinne jedenfalls wünsche ich mir mehr schöne Architektur. **2012 wurde in Großbritannien zum ersten Mal der Hatchet Job of the Year Award vergeben. Ich zitiere aus dem Aufruf: „Der Hatchet Job of the Year Award ist ein Kreuzzug gegen Dumpfheit, falsche Rücksichtnahme und Denkfaulheit. Er zeichnet Kritiker aus, die den Mut haben, die allgemeine Meinung umzustürzen und die ebendies mit Stil tun." Es ist kurz gefasst ein Aufruf gegen die Zahnlosigkeit in der Kritik. Trifft das auf die deutsche Kritiklandschaft auch zu?** Die deutsche Kritiklandschaft kennt ja durchaus einige sehr schöne, steile Höhenzüge, auch einige tiefe Gewässer gibt es. Aber Sie haben sicherlich recht, die erodierten, wüstenartigen Abschnitte sind kaum zu übersehen. Vor allem die Fachzeitschriften scheinen arg unter Druck zu stehen, sind von den Anzeigenkunden ebenso abhängig wie von den Architektenbüros, die ihnen bei fortgesetzter Renitenz auch schon mal gern das Fotomaterial oder die Pläne für das besprochene Objekt verweigern. Es fehlen die Debatten, die scharfen Attacken, die hundsgemeine

Polemik, all das, was für die betroffenen Architekten unerträglich, für den Leser aber unterhaltsam und im Zweifel auch lehrreich ist. Kurzum, einen deutschen Preis für Unerschrockenheit würde ich mir sehr wünschen. **Sie und viele andere Kritiker, mit denen ich bisher gesprochen habe, sind Männer des geschriebenen Wortes. Neue Medien kommen zwar am Geschriebenen auch nicht vorbei, ihr wesentlicher Reiz liegt aber in bewegten Bildern und der bildlichen und sprachlichen Präsenz des Autors. Haben Sie eine Vorstellung, wie eine den neuen Medien adäquate Kritik aussehen könnte?** Ich bin mir nicht sicher, was an den neuen Medien eigentlich so neu ist. Es stimmt, heute gibt es weit mehr Möglichkeiten, sich über diverse Internetkanäle in Wort und Bild zu verbreiten, auch über Architektur. Doch bislang scheint mir das aber nur wenige Menschen zu reizen. Und solange das so ist, hat das präzise, argumentierende Betrachten, das sich abmüht, die Dinge auf den Begriff zu bringen, noch seine Berechtigung und ist nicht ganz von gestern. Als Katalysator architekturpolitischer Debatten wird das Internet hingegen schon sehr fleißig und effektiv genutzt: Wenn es gilt, den Protest gegen ungeliebte Bauprojekte zu organisieren, wenn man sich in Netzwerken gegenseitig darauf hinweist, welche Denkmale gerade von irgendwelchen Investoren verhunzt werden, wenn man sich miteinander zu Flashmobs verabredet, um den öffentlichen Raum endlich wieder zu dem zu machen, wofür er da ist. In all diesen Fällen erweist sich das Internet als ein Medium der Tat, weniger der kritischen Reflexion. **Wo meinen Sie liegt die Zukunft der Architekturkritik?** Die Kritik an der Architekturkritik ist ja so alt wie die

Architekturkritik selbst. Und auch ihre Zukunft galt immer als düster. Dennoch ging es immer irgendwie weiter. Wie genau, das hängt natürlich nicht zuletzt auch von den Architekten ab. Ich finde, Architekturkritik muss endlich auch an den Hochschulen systematisch unterrichtet werden. Schreiben ist ja eine Form des klaren Denkens oder sollte es jedenfalls sein. Wer gezwungen ist, die eigenen Anschauungen, die meist irgendwie ungefähren Überzeugungen auf den Begriff zu bringen, wer sich gefordert sieht, andere nicht mit Bildern zu erschlagen, sondern mit Argumenten zu gewinnen, dessen Blick auf die Architektur schärft und verändert sich. Gerade deshalb sollte das Schreiben an den Hochschulen gelehrt werden, am besten verbindlich für alle. Damit sich Architekten selbst besser mit den eigenen Wertvorstellungen auskennen und die Floskeldichte in Vorträgen und Erläuterungsberichten abnimmt. Auch natürlich, um der allgemeinen Bilderseligkeit entgegenzuwirken. Und um den Respekt vor allen, die mit Schreiben ihr Geld verdienen, ein wenig zu heben. Wäre jedenfalls nicht schlecht und würde die Zukunftsaussichten für Architekturkritiker deutlich verbessern.

1: Hanno Rauterberg: Und das ist Kunst?! Eine Qualitätsprüfung.
2. Aufl., Frankfurt: S. Fischer Verlag, 2008

WOJCIECH CZAJA

JENSEITS ÄSTHETISCHER WIRKUNGEN

Das klassische Werkzeug des Kritikers ist immer noch das Wort, die Sprache. Damit muss er sich in einer bildlastigen Welt behaupten. Hat die überbordende Bildlastigkeit einen Einfluss auf Ihre Sprache als Kritiker? Ich glaube, dass ich die Sprache eher dem Projekt als den Bildern selbst anpasse. Wenn ich beispielsweise einen geförderten Wohnbau bespreche, dessen Qualitäten erst auf den zweiten oder dritten Blick erkennbar sind, ist die Sprache sicher eine andere, als wenn ich über ein Coop-Himmelb(l)au- oder Zaha-Hadid-Projekt schreibe. Der Unterschied resultiert also weniger aus dem Bild, als mehr aus dem Bildmotiv. **Der Kritiker steckt in einem Dilemma. Er muss mit seinen sprachlichen Mitteln, aufgrund eigener Anschauung dem Leser einen Eindruck vom architektonischen Objekt vermitteln. Die Illustration seines Textes muss er aber meist mit den vom Architekten gelieferten Bildern bestreiten, die genauestens dessen Sichtweise ausdrücken. Wie lässt sich damit umgehen?** Die Fotos sind oft ein Problem. Bleiben wir ganz plakativ bei den Projekten der Großarchitekten Coop Himmelb(l)au. Bei Gebäuden, die so sehr auf eine visuelle Wirkung, auf ein Augenspektakel hinzielen, halte ich für es legitim, tote, unbelebte und menschenlose Architekturbilder zu verwenden. Das Bildmotiv ist in diesen Fällen meist schon so stark, dass man sich automatisch hineingezogen fühlt – hoffentlich auch als Leser. Damit zu arbeiten ist für mich kein Problem. Schwierig wird es bei Projekten, die auf den ersten Blick nicht so aufregend sind, dafür aber andere, verstecktere Qualitäten haben. Das können Platzgestaltungen oder Wohnbauten, Kindergärten oder auch Schulen sein. Hier mit dem Material der

Architekten zu arbeiten, auf deren Fotos oft eine Realität abgebildet wird, die nicht der Wirklichkeit entspricht – sprich keine Menschen zu sehen sind, Mistkübel wegretuschiert wurden, der absolute Fokus auf dem geometrischen Spiel der Flächen und Formen liegt – kann sehr problematisch sein. **Wenn die Architekten sich der Macht professioneller Bilder bedienen, wäre da nicht das billige, sozusagen subversive Bild ein gutes Gegenmittel?** Das habe ich noch nie gemacht. Ich möchte mich lieber auf eine durchgängige, konsequente Bildsprache fokussieren. Wenn ich etwa Fotos von zwei unterschiedlichen Architekturfotografen sowie Schnappschüsse des Architekten zur Verfügung habe, verwende ich das Bildmaterial, das besser zum Projekt passt und von dem ich annehme, dass es für einen Außenstehenden attraktiver wirkt. **Es gibt den Vorwurf, Architekten und Kritiker ständen sich heute viel zu nahe und diese Nähe würde den Blick des Kritikers einfärben. Müssten Architekten und Kritiker eine größere Distanz wahren?** Ich spreche jetzt über meine Arbeit beim Standard, da diese etwa die Hälfte meines Schaffens ausmacht. Ich möchte keinesfalls klassische Architekturkritik machen, weil ich unter anderem das Gefühl habe, dass das für eine breite Leserschaft völlig uninteressant ist. Nach Möglichkeit möchte ich mich mit öffentlichen Projekten mit einem gewissen Impact aufs soziale, wirtschaftliche oder politische Geschehen befassen, und herausfinden, was diese Gebäude für Auswirkungen haben, warum sie gebaut wurden, wer von ihrem Bau profitiert, wie sie in der Bevölkerung aufgenommen werden etc. Dabei ist der Architekt natürlich eine ganz wichtige Bezugsperson. Ohne die

Einbeziehung der Absichten des Architekten wäre eine Einbettung in so einen großen Kontext ziemlich sinnlos.

Ein wesentlicher Faktor der gesellschaftlichen Relevanz von Kritik scheint mir die Betrachtungsweise zu sein, die die Kritik auf die Architektur anwendet. Vorherrschend ist diejenige, die Architektur in erster Linie als ästhetischen Artefakt betrachtet und beschreibt. Verkürzt das, obwohl es natürlich einem aktuellen Trend folgt, nicht gleichzeitig die Bedeutung von Architektur und damit auch die Relevanz der Kritik? Natürlich kann auch einmal das visuelle Erscheinungsbild ein Kriterium sein, warum ich ein Projekt auswähle, um darüber zu berichten. Auf Dauer betrachtet würde dieser Ansatz allerdings zu kurz greifen. Das finde ich langweilig, da fehlt mir die Metaebene. Wenn ich als jemand, der Architektur studiert hat, als Architekt tätig war und mit der Materie tagtäglich befasst ist, einen derartigen Text lese und durch die Lektüre gelangweilt bin, frage ich mich: Was müssen sich erst jene Leser denken, die keinen so starken Zugang zur Architektur haben? **Ich glaube jetzt nicht, dass eine ästhetische Betrachtungsweise sich in der Beschreibung und Beurteilung von Gesimsen, integrierter Beleuchtung und dergleichen erschöpft. Da geht es durchaus um Dinge wie Oberflächen, aktuelle Materialien und Formen, aber eben nur auf der ästhetischen Ebene.** Ich denke, man muss ästhetische Aspekte immer einordnen und kann sie nicht als Selbstzweck betrachten. Man hat beispielsweise Aussagen zu treffen, wie ein Bauwerk wirkt, wie es von Passanten wahrgenommen wird, oder wie aufwändig es war, es zu bauen. Zumindest in eine Kritik für eine Tageszeitung müssen solche Gedanken einfließen.

Immer öfter scheint es mir, dass unabhängig von der architektonischen Qualifikation ihrer Autoren die interessanteste Kritik von außerhalb der Profession kommt. **Also zum Beispiel von wortmächtigen Schriftstellern, ich denke da an Martin Mosebach und seine Kritik der Moderne. Braucht Kritik diese Beiträge als kontrapunktische Setzungen oder als Korrektiv?** In Österreich ist mir derartiges nicht bekannt. Ich habe einmal im Rahmen der in Österreich alle zwei Jahre stattfindenden Architekturtage eine Beilage für den Standard konzipiert. Dabei wurde für jedes der neun österreichischen Bundesländer je ein Journalist ausgewählt, der mit Architektur in der Regel nichts zu tun hatte, und eingeladen, über die jeweiligen Architekturprojekte zu berichten. In diesem einen Fall hat das sehr gut funktioniert. Ein anderes Mal habe ich das im Rahmen der Zeitschrift 91° More than Architecture versucht. Die Autoren waren dann beispielsweise Schriftsteller, Fotografen und Maler. Das Resultat war erstaunlich: Anstatt aus ihrer eigenen Perspektive zu schreiben, haben sich alle bemüht, die Bauwerke im Sinne einer Architekturkritik zu rezensieren. Herausgekommen sind zwar sprachlich gute Artikel, die inhaltlich aber eher langweilig waren. **Von außen gesehen kennen wir Österreich als ein Land, in dem im Verhältnis zu seiner Größe überdurchschnittlich viel an qualitätvoller, interessanter Architektur entsteht. Das müsste auch ein guter Nährboden für eine qualitätvolle Kritikszene sein?** In Österreich hat vor ca. 15 Jahren ein interessanter Prozess eingesetzt: Junge Architekten haben begonnen, sich selbst zu organisieren und sich in der Öffentlichkeit bemerkbar zu machen. In kürzester Zeit ist eine Vielzahl an innovativer, interessanter Architektur entstanden. Das war in jedem Fall ein bedeutender Sprung nach vorne, um Architektur einem breiten Publikum nahezubringen. Über die Vielzahl dieser Projekte, deren Präsenz man sich schließlich nicht mehr entziehen konnte, hat die Architektur verstärkt den Weg in die Tageszeitungen gefunden. Ich glaube nicht, dass dieser Aufbruch die Kritik in den Fachmedien verändert hat, aber die Intensität der Diskussion hat dadurch – vor allem in den Nicht-Fachmedien – auf jeden Fall zugenommen. **Friedrich Achleitner meinte, dass er die Frage des Heranführens an und Vermittelns von architektonischer Qualität heute als viel bedeutender erachte, als das, was wir klassischerweise unter guter Kritik verstehen. Es gehe viel weniger darum Recht zu behalten als das Klima zu verändern, in der qualitätvolle Architektur entstehen und überleben kann.** [1] **Teilen Sie dieses Auffassung?** Ja, die teile ich zu hundert Prozent. Bewusstsein schaffen und Bewusstsein schärfen ist sehr wichtig. Ich bin jemand, der Artikel oft als Aufmunterung versteht und der wahrscheinlich öfter die positiven Aspekte herausstreicht. Scharfe Kritiken sind seltener anzutreffen. Ich bemühe mich, in der Koordination der einzelnen redaktionellen Beiträge Themen zu finden, bei denen ich das Gefühl habe, dass sie einer Art Erklärung oder Einbettung in einen Alltag bedürfen. Mir ist wichtig, über einen längeren Zeitraum – auch für ein Laienpublikum – darzustellen, dass Architektur nicht so unwichtig ist, wie viele glauben. Dass es ein gewisses Beeinflussungs-Tool ist, das Auswirkungen auf Leben, Verhalten und Zufriedenheit hat. Wissen Sie, Architektur ist als Materie in Österreich stark unterschätzt. Eine wichtige Aufgabe ist daher, auf die Potenziale des Bauens aufmerksam zu machen. **Diese sprachlich feinziselierte und differenzierte Betrachtungsweise eines Achleitner ist sicher ganz wichtig und stellt einen Fixpunkt in der Architekturrezension dar. Das Gegenstück dazu ist die kunstvoll geschwungene Kritikeraxt, die ich auch sehr schätze und für wichtig halte.** Ja, ich gebe Ihnen Recht, solche Axt-Artikel braucht es ab und zu. Erstens zur Auflockerung, zweitens drängt sich die scharfe Kritik bei manchen Themen unausweichlich auf, drittens kann man damit Leser auf einer anderen Ebene wieder zum Lesen begeistern. Mein letzter Axt-Artikel war meine Rezension des Ground-Zero-Projekts am 10. September 2011 im Standard. **Was ist Ihnen ein besonderes Anliegen an der Kritik?** Im Laufe der Zeit hat sich bei mir eine persönliche Vision herauskristallisiert: Ich möchte das Thema Architektur in der Bevölkerung verankern. Ein klarer Beweis, dass dieser Zustand in Österreich noch nicht eingetreten ist, ist die Tatsache, dass das Berichten über Architektur noch kein selbstverständlicher Bestandteil des Kultur-, des Wirtschafts- oder Lokalteils ist. Ich denke da etwa an die FAZ oder die Süddeutsche Zeitung. **Ich wundere mich, dass Sie das so sehen. Von Deutschland aus betrachtet finde ich die spezielle Architekturseite weit beachtenswerter als einen irgendwie eingestreuten Artikel über Architektur im Feuilleton.** Ich finde die Art, wie die Architekturkritik in der FAZ oder auch der Süddeutschen Zeitung in die übergeordneten Themenbereiche eingebettet ist, sehr überzeugend. Diese Herangehensweise scheint mit selbstverständlicher als beispielsweise die Spezialseite zur Architektur, die im Standard einmal wöchentlich erscheint. Sie wird zwar von manchen Leuten gezielt gesucht, von anderen jedoch regelmäßig ebenso gezielt überblättert. Als bezeichnend könnten man die interne Blattkritik in der Redaktion anführen, bei der das ganze Blatt Tag für Tag besprochen und im Detail kommentiert wird. Sehr oft kommt es vor, dass der Architekturteil dabei völlig übergangen wird. Das sagt viel aus. **Zum Schluss noch eine Frage, die alle Schreibenden sicher interessiert. Wie lange brauchen Sie, um eine Kritik zu schreiben?** Wenn ich einen Superdrive habe, dann stehe ich um fünf Uhr auf, dusche, mache mir einen Kaffee und beginne dann um 5.30 Uhr zu schreiben. Manchmal bin ich dann um etwa acht Uhr schon fertig. In diesem Fall benötige ich für einen ganzseitigen Artikel also zwei bis drei Stunden. Das kommt aber nicht zu häufig vor und ist nur dann möglich, wenn ich im Vorfeld bereits sehr gut und detailliert recherchiert habe. In der Regel ist es bei mir so, dass sich erst in der Auseinandersetzung, im konkreten Schreiben, herauskristallisiert, in welche Richtung sich der Artikel entwickeln wird. Für einen umfassenden Feuilletonartikel am Wochenende benötige ich ca. vier bis fünf Stunden. Wenn ich einen ganz schlechten Tag habe, habe ich auch schon acht bis neun Stunden an einem Text gearbeitet.

1: Die Aussagen von Friedrich Achleitner stammen aus dem Gespräch, das in diesem Band abgedruckt ist (S. 78 und S. 80).

WOLFGANG JEAN STOCK

**KRITIK
UND
VERANTWORTUNG**

Die Kritik ist in der Krise – ein vielbeschworenes Szenario. Wen außer einen eingeschworenen Zirkel aus Architekten und Kritikern interessiert sie denn noch, die Kritik? Die Architekturkritik interessiert viele Menschen. Sie könnte noch mehr interessieren, wenn sie anders auftreten würde. Aus meiner langjährigen Tätigkeit als Kritiker ist mir bewusst, dass das Publikum der unterschiedlichen Medien, in denen Kritik stattfindet, sehr verschieden ist. In einer seriösen Tages- oder Wochenzeitung muss ich ein Publikum erreichen, das nicht bis in die letzten Feinheiten über Konstruktion oder Materialverwendung aufgeklärt werden möchte. Umgekehrt wird von einer Fachkritik in einer Architekturzeitschrift erwartet, dass man sich von der städtebaulichen Situation über den Entwurf bis hin zur Lösung von Details umfassend auf ein Thema einlässt. In der seriösen Tages- und Wochenpresse wird mir manchmal jedoch zu viel fachgesimpelt. Man sollte gerade in diesem Bereich überlegen, ob man die Geschichten nicht anders erzählen sollte. **Wie würden Sie Ihr Verhältnis zur aktuellen Architekturkritik beschreiben?** Sie können mich heute in einem Zustand von einerseits Zufriedenheit und andererseits Zorn erleben. Mit Zufriedenheit sehe ich, dass die Architektur beim breiten Publikum in den letzten 15 bis 20 Jahren mehr Interesse findet als davor. Das hat aber nicht nur Licht-, sondern auch seine Schattenseiten. Ganz fatal finde ich den unerträglichen Starkult, der in den Medien getrieben wird. Dadurch wird die Architektur in der Rezeption des Publikums auf ein paar dominierende „Marken" eingeengt. In der Architekturszene wird das unmittelbar relevant für die Existenz zahlreicher Büros, weil viele Bauherren sich auf genau diese Marken versteifen und viele Talente dadurch keine Chance mehr erhalten. Es wird heute viel zu viel personalisiert. Man redet nicht mehr zuerst von der Architektur selbst und fragt erst dann nach dem Entwurfsverfasser, sondern stellt die Person in den Vordergrund. Dabei ist Architektur die spannendste, aber auch schwierigste und verantwortungsvollste Kulturaufgabe, die wir haben. Die Architektur bestimmt ja unseren Alltag von Aufstehen bis zum Schlafengehen. **Gleichgültigkeit und Übersättigung sind die größten Feinde der Kritik. Das ist kein fruchtbares Feld, das ist ein steiniger Acker! Wie reagiert die Kritik?** Die Kritik sollte einen viel offeneren Blick für die aktuelle oder künftige Entwicklung haben, also weg von der Konzentration auf Sonderaufgaben wie Museen, Bahnhöfe, Konzertsäle und so weiter, die bevorzugt veröffentlicht werden. Die Mehrheit der Menschen interessiert sich durchaus auch für andere Themen wie etwa das Wohnen. Auch hier gibt es immer wieder aktuelle Entwicklungen, die der Betrachtung und der Kritik wert sind. Ich bin übrigens einer der wenigen Kritiker, die immer in Neubauten gewohnt haben. Die meisten Kritiker wie auch Architekten wohnen in Altbauwohnungen mit abgetrennten Zimmern – eben nicht in den von ihnen so oft gepriesenen Raumkontinua. Grundsätzlich käme es darauf an, dass die Kritik viel mehr Projekte am Ort oder in der Region vorstellt. Dabei sollte man so lehrreich wie anschaulich den Menschen Leistungen nahebringen, die ihnen eine Orientierung geben können. **Wir Leser fordern Kritiken mit Unterhaltungswert. Wie viel Unterhaltungswert muss oder darf Kritik haben?** Auch wenn wir eine Theaterkritik lesen, möchten wir ja nicht nur informiert werden und eine Wertung erhalten. Wir möchten auch unterhalten werden. Gerhard Stadelmaier zum Beispiel, der Theaterkritiker der FAZ, der nicht immer so schreibt, wie ich es für richtig hielte, unterhält mich. Den lese ich deshalb trotzdem gern. Es gibt Kritiken von Joachim Kaiser über Musik, die den Leser sozusagen im Sprachfluss mitgezogen haben. Ob man seiner Meinung beipflichtete, dass etwa das Adagio richtig ausgeführt wurde, spielt dann keine Rolle. Ich frage mich schon, warum man sich das nicht bei der Architekturkritik traut. Was es allerdings nicht geben darf, sind Gags, genauso wenig, wie nach meiner Auffassung Gags in der Architektur selbst erlaubt sind. Ich will noch ein positives Beispiel hervorheben, aus einer SZ-Serie, in der Architekturbüros vorgestellt wurden. Gottfried Knapp hatte das Büro von Zaha Hadid in London besucht. Er hat dann ohne jedes Vorurteil einfach beschrieben, wie es dort so zugeht. Fazit war: Diese Frau ist eine egozentrische, über alle Maßen ehrgeizige Sklavenhalterin. Der Artikel war einerseits lehrreich, weil man etwas über die Arbeitsbedingungen in einem dieser international tätigen Büros erfuhr, und er war unterhaltsam, weil man die Hintergründe und Einstellungen der entscheidenden Personen mitbekam.

Auch der Unterhaltungswert hat seine Tücken. Es gibt, insbesondere in der Feuilletonkritik, einen gerne gebrauchten Duktus, der die Dinge, über die gesprochen wird, in einem amüsant-ironischen Ton an den Leser zu bringen versucht. Manchmal kommt einem bei diesem Tonfall der Ambiguität der Verdacht, dass der Autor seine Thesen nur zur Probe lanciert, um sie gegebenenfalls gleich wieder einzukassieren und beim nächsten Mal das Gegenteil zu

behaupten. **Unterstellt, dass Ernsthaftigkeit ein wesentliches Fundament oder gar der Kern der Kritik sei, kann eine Kritik in diesem ambiguen Ton noch ernstgenommen werden?** Man muss es ja mit der Seriosität und Ernsthaftigkeit nicht übertreiben. Man sollte aber wissen, dass man als Schreibender eine ganz große Verantwortung hat. Als ich Ende 1985 vom Kunstverein München ins Feuilleton der SZ kam, war einer der ersten Sätze von Doris Schmidt, der wirklich erfahrungsgesättigten, älteren Dame: „Mein lieber Jean, ich freue mich, dass Sie nun zu unserem Kritikerteam gehören, aber bitte bedenken Sie, dass Sie mit nur einer Kritik, in der Sie harsche Worte verwenden, die Karriere eines Künstlers oder Architekten ruinieren können." **Es existiert ein wunderbares Gegenstück zur deutschen Feuilletonkritik unserer Tage – Dorothy Parker, die New Yorker Literatur- und Theaterkritikerin der 1920er Jahre. Ihre Kritik ist ebenso messerscharf schneidend wie treffend, und man hat nie den Eindruck, dass sie auch nur ein Wort zurücknehmen würde. Ein Beispiel ihrer unglaublichen Frechheiten: Katharine Hepburn beherrscht die Skala der Gefühle von A bis B. Ist das ein angelsächsisches Phänomen, das in Deutschland nicht wiederholbar ist, oder fehlen uns einfach die entsprechend veranlagten Kritiker?** Ich lese auch viel Architekturkritik im englischen Original und stelle dabei immer wieder fest, wie anders, sozusagen „freier" die Angelsachsen schreiben. Peter Davey, eine große Figur der internationalen Architekturkritik, langjähriger Leiter der Architectural Review in London, hat kürzlich die Werkmonographie eines finnischen Büros eingeleitet. Darauf folgte der Text einer finnischen Wissenschaftlerin, und im Vergleich konnte man die Unterschiede unmittelbar erkennen. Das hängt vermutlich auch mit der Sprache selbst zusammen. Ich will zu den nationalen Unterschieden noch ein anderes Beispiel geben: In der italienischen Kritik wird nicht selten auf sehr schwelgerische, ja teilweise lobhudelnde Art und Weise über die Hintergründe und den Überbau eines Entwurfs gesprochen. **Architekturkritiker kommen aus den unterschiedlichsten Randbereichen, die mit Architektur verbunden sind. Manche haben eine Architekturausbildung, andere sind Kunsthistoriker etc. Wolfgang Bachmann hat sich einmal verwundert gezeigt, warum nicht mehr architektonische Laien der schreibenden Zunft sich der Architekturkritik annehmen. Wäre das eine echte Bereicherung oder doch nur die Verbreitung laienhafter Vorurteile? Ich denke da zum Beispiel an den Artikel von Martin Mosebach „Wider das heutige Bauen: Und wir nennen diesen Schrott auch noch schön"** [1] **und seine Wirkung.** Verheerend! **Aber gut geschrieben!** Hier kommt die Lust des Germanisten an der provozierenden Sprache zum Ausdruck. Dabei fällt ihm jedoch nicht auf, dass er ein architektonisches Vorbild für die Gegenwart formuliert, das spätestens im frühen 20. Jahrhundert, etwa mit der Prinzregentenzeit hier in München, als großbürgerliches Wohnen an ein Ende gekommen war. Er vergisst auch völlig den ganzen sozialen Aspekt. Es gab doch die Mietskasernenstädte neben und im Gegensatz zu den prächtigen Bürgerhäusern. Dieser Aufsatz war ein unsägliches Stück. Übrigens, was heißt Vorurteile von Laien? Gehen etwa manche Kritiker nicht mit Vorurteilen ans Werk? Da sagt der eine zum Beispiel: Ach, schon wieder diese Vorarlberger Lattenästhetik, und der andere hasst einfach Stahlglasfassaden.

Wenn Sie eine Reihe von Kritikern auf ein Podium nebeneinander setzen würden, dann wären Sie überrascht, was da alles an Vorurteilen zum Vorschein käme. **Welche Vorbildung wäre denn ideal für den Beruf des Kritikers?** Viele, die eine Ingenieurausbildung gemacht haben und zunächst nicht für das Schreiben prädestiniert schienen, respektiere ich außerordentlich, weil sie über das Fachliche hinaus, das sie beherrschen, im Hinblick auf städtebauliche Kultur, soziale Ausrichtung von Aufgaben und so weiter einen klaren Blick bewiesen haben. Zur zweiten Gruppe gehören jene, die aus den Sozialwissenschaften kommen und eine kulturelle Leidenschaft mitgebracht haben. Denen fühle ich mich zugehörig. Bei Kunsthistorikern wäre ich schon vorsichtiger. Da ist mir bei vielen zu viel Formalismus im Spiel, da wird vieles zu sehr nach formalen Kriterien beurteilt. „**Ich fordere: Weg mit der sprachlichen und intellektuellen Elite! Das Publikum will geführt werden, also rein in den Alltag des Kleinen und ahnungsvoll Unbedeutenden. Auch das ist Kultur."** [2] **Ein Zitat von Wojciech Czaja – und ein Credo, das auch von Ihnen stammen könnte?** Das ist mir zu polemisch, doch eine richtige Richtung steckt darin. Die Bildungshuberei, die wir teilweise in der Architekturkritik finden, halte ich für kontraproduktiv. Ich denke da an einen früheren Direktor des Deutschen Architekturmuseums, den wir als Autor im Baumeister hatten. Ehe er in einer Besprechung zum eigentlichen Bauwerk vorgestoßen ist, hat er erst einmal seine gesammelte Kenntnis der europäischen Architekturgeschichte ausgebreitet. **Wird die klassischen Kritik, wie Sie sie vertreten, langfristig überleben können?** Ja, wenn die Kritik möglichst nahe am Menschen bleibt oder noch näher zu ihm kommt. Wenn sie aber meint, sie könne sich im sogenannten Elitismus bewegen, wird der Kreis der Leser immer kleiner werden. Was mir fehlt ist, dass in den unglaublich einflussreichen, mit teilweise größerer Auflage als die bekannten großen Tageszeitungen ausgestatteten Regionalzeitungen die Kritik zur Architektur am eigenen Ort, in der eigenen Stadt, in der eigenen Region so gut wie nicht stattfindet. Dort müsste die Kritik beginnen. **Worauf sind Sie als Kritiker besonders stolz?** Stolz wäre der falsche Ausdruck. Ich empfinde aber eine Befriedigung, wenn ich mithelfen kann, dass ein bis dato über enge Fachkreise hinaus nicht bekanntes Büro den Bekanntheitsgrad erlangt, der ihm aufgrund seiner architektonischen Leistungen zusteht. **Haben Sie noch einen abschließenden Wunsch, den sie loswerden möchten?** Ja. Ganz dringend wünsche ich mir, dass ich nicht jeden Monat in mehr oder minder allen Fachzeitschriften den gleichen internationalen Brei sehen muss. Dieser globale Brei langweilt nicht nur, sondern nimmt auch anderen den begrenzten Publikationsplatz weg. Ein Beispiel geben die Skandinavier: Wenn ich die Zeitschriften aus Norwegen, Dänemark, Schweden und Finnland aufschlage, dann weiß ich, dass es um neue Architektur in genau diesen Ländern geht. Das gibt diesen Zeitschriften ein Profil, das unverwechselbar ist.

1: Martin Mosebach: „Wider das heutige Bauen: Und wir nennen diesen Schrott auch noch schön", FAZ, 26.8.2010
2: Wojciech Czaja: „Eine Kritik an der Architekturkritik",
http://www.bauforum.at/ireds-10857.html, 9.5.2005

GERHARD MATZIG

KRITIK UND IRRTUM

Ende 2010 hat Arch+ ein sehr schönes Heft zur Architekturkritik herausgebracht. Wie so häufig in der Rezeption der Architekturkritik wird hier ein beklagenswerter Zustand der Kritiklandschaft in Deutschland konstatiert. Wie sehen Sie die derzeitige Situation der Kritik? Auch ich fand das Heft von Arch+ wunderbar, insbesondere die historischen Beiträge. Was allerdings die Gegenwartsbeschreibung betrifft, teile ich den Standpunkt in keinster Weise. Ich war zum Beispiel vor ein bis zwei Jahren auf einem Podium, wo es genau um den Zustand der deutschen Architekturkritik ging, und hier wurde mir schnell klar, dass meine positive Sicht der Dinge – ich glaube nämlich, der Architekturkritik geht es gut in Deutschland – eine Mindermeinung ist. Ich meine, dass in den letzten Jahren die Nachfrage an Architekturthemen in den Zeitschriften stark zugenommen hat. Die klassische Architekturkritik allerdings – die spezifisch Bauten beschreibt und darüber urteilt – ist in den populären Medien, also zum Beispiel in den Tageszeitungen, für die ich sprechen kann, weniger gefragt. Es ist anspruchsvoller geworden, über Architektur zu schreiben, und es wird mehr journalistisches Know-how verlangt. **„Wenn man die Dinge nur dort sagt, wo es eh keiner hört, kann man es auch bleiben lassen."** Dieses Zitat des Filmkritikers Georg Seeßlen **könnte man den Fachzeitschriften entgegenhalten, wenn sie konstatieren, dass ihre Kritik kaum noch Leser findet. Andererseits gibt es heute so viele Möglichkeiten medialer Verbreitung wie nie zuvor. Tun sich Architekturkritiker schwer, die gewohnten Transformationskanäle und -formen zu verlassen?** Ich weiß nicht, ob ich in Fragen der neuen Medien der richtige Ansprechpartner bin. Meine

Affinität ist hier nicht sehr hoch. Ich glaube, dass hier ein Beitrag meines Vorgängers Christoph Hackelsberger, „Ein Architekt sieht München"[1], abgedruckt im Lokalteil der Zeitung, der früher großen Zuspruch fand, diesen auch heute noch finden würde. So etwas würde selbstverständlich auch als Blog funktionieren. Ich selbst fühle mich sehr wohl mit Druckerschwärze auf Papier. Insofern reizt mich das nicht. **Ich denke, ein populärer Blog oder Videos auf populären Plattformen könnten sehr interessant sein, um damit Architektur oder architektonische Themen unter weniger architekturaffine Leute zu bringen. Sie könnten Anregung zu einer Bewusstseinsbildung sein, die außerhalb der Reichweite der Feuilletons liegt.** Das ist richtig. Als Herzog und de Meuron ihre große Ausstellung im Münchner Haus der Kunst hatten, gab Jaques Herzog ein einziges Interview. Das hat er der Bild-Zeitung gegeben, aus klarer Berechnung heraus. Ich fand seine Begründung sehr interessant und auch berechtigt: Jaques Herzog meint, dass er genau an diese Leseklientel heranwollte, an die Leser, die in der Regel keinerlei Affinität für Architektur zeigen. Ich denke wirklich, dass man über die Insiderkreise hinaustreten muss. Ich würde hier alles verteidigen, was das Gespräch über Architektur in Gang bringt – auch außerhalb der Feuilletons. Allerdings muss man auch sehen, dass man beim Thema Architektur weniger Wissen voraussetzen kann als bei anderen Genres wie Literatur oder Musik. **In dem genannten Arch+-Heft Nr. 100 ist eine weitere Frage aufgeworfen worden, die mir so noch nicht untergekommen ist. Gibt es neben der Kritik mittels Worten auch eine gebaute Architekturkritik?** Wenn es so etwas gäbe, müsste es ja zum

Beispiel ein Gebäude sein, das in der Art, wie es gebaut ist, auf Missstände in seiner Umgebung hinweist. Das würde ich für schlechte Architektur halten. Ich glaube nicht, dass Architekturkritik gebaut werden sollte. **Könnte man nicht in den ersten dekonstruktivistischen Bauten, zum Beispiel Frank Gehrys Haus in Los Angeles, eine gebaute Kritik sehen, aufgrund ihrer radikalen Andersartigkeit?** Ja, vielleicht. Aber hier ist meines Erachtens nicht das Haus die Kritik – im Sinn des griechischen Worts Kritike, der Kunst der Beurteilung. Ich meine, ein solches Haus ist dann einfach ein Beitrag zur Baukultur, die fortgeschrieben wird, die sich ausdifferenziert. Es leistet aber keinen Beitrag der Beurteilung. Es steht nach wie vor für sich selbst. **Kritik kommt immer a posteriori. Könnte sie nicht auch Katalysator einer Entwicklung sein?** Natürlich kann sie das. Es gibt ja auch in anderen Bereichen Versuche, Entwicklungen über die Medien voranzutreiben – ich denke da an die Berichterstattung über die Frauenquote, die ganz eindeutig die Anatomie des Kampagnenjournalismus angenommen hat. Es gibt immer wieder Fälle, in denen Leute sich zusammentun, zu etwas Stellung beziehen und dieses Thema dann permanent fortschreiben. Das könnte die Architekturkritik natürlich auch. Sie kann also zum Beispiel Berliner Schlösser herbei- oder auch hinwegschreiben, immer abhängig von der Power, mit der sie das betreibt. Sie kann das aber nur, wenn sie sich frühzeitig um Entwicklungen kümmert. Das passiert allerdings viel zu selten. Das ist wiederum meine Kritik an der klassischen Architekturkritik. Sie kommt in der Tat meist zu spät. Architekturkritik muss viel früher ansetzen, darf dabei nicht nur reine

Architekturkritik sein, sondern muss Stadtkritik und damit viel umfassender sein. **Wichtig ist aber auch, Gebautes immer wieder mal nach einem längeren Zeitraum einer Beurteilung zu unterziehen.** Ja, das gab es aber immer wieder. Ich erinnere mich hier an eine sehr schöne, bereits in die Jahre gekommene Serie in der db, wo zum Beispiel ein Gebäude nach über 50 Jahren nochmals angesehen, seine Rezeptionsgeschichte rekapituliert und über seine Bewährung im Lauf seiner Lebenszeit diskutiert wurde. Das halte ich für eine wichtige Form der Kritik, die leider auch zu wenig betrieben wird. Ich würde mir als weitere Rezeptionsform so etwas wie ein auto, motor, sport der Architektur wünschen, wo es nur um die technischen Belange eines Hauses geht – wie ist sein Verbrauch, wie sind seine Kennwerte. Ich könnte mir vorstellen, dass sich hier eine große Leserschaft gewinnen ließe – sofern sich so etwas mal jemand trauen würde. **Wie steht es mit der antizipatorischen Kraft der Kritik?** Dort wo man versucht, Entwicklungen und Strömungen in der Architektur mit Entwicklungen und Strömungen in der Gesellschaft in Übereinstimmung zu bringen, kann und muss Kritik das leisten. Das ist der Bereich, wo ich mich als Kritiker am wohlsten fühle. Ich werde demnächst eine Sammlung meiner wichtigsten Beiträge herausbringen. Anhand dieser Sammlung wird dann klar, dass ich als Kritiker fast nie Häuser besprochen habe. Es war mir immer wichtiger, Architektur in ihrem gesellschaftlichen Umfeld darzustellen, als über das Gelingen einer Sichtbetonfassade zu räsonieren. **Wie geht es Ihnen, wenn Sie Ihre Kritiken nach fünf, zehn oder fünfzehn Jahren erneut lesen?** Zuerst hatte ich durchaus

Bedenken. Ich fragte mich, welcher meiner Texte denn zum Beispiel überhaupt noch Bestand haben könnte. Man sagt ja, dass am nächsten Tag der Fisch in unsere Texte eingewickelt wird, was durchaus eine angenehme Seite des Tagesjournalismus ist. Im Tagesjournalismus hat man es fast immer mit Augenblicksaufnahmen zu tun, die einen ganz spezifischen Reiz haben. Letztlich bin ich zu dem Schluss gekommen, dass die Artikel auch da Bestand haben, wo ich mich getäuscht habe. Und getäuscht habe ich mich oft genug. **Was war denn Ihr größter Irrtum?** Einer meiner größten Irrtümer war mein Beitrag zur Kuppeldebatte beim Umbau des Berliner Reichstages. Hier war ich ein nahezu militanter Gegner der Kuppel. Wenn ich heute in Berlin bin, dann wundere ich mich immer noch über meine damaligen Gedanken, die ja durchaus bis zum Wiederauferstehen des wilhelminischen Deutschlands mit all seinen Folgeerscheinungen gingen. Heute kann ich nur noch feststellen, wie wohltuend das kuppelbekrönte Gebäude in der Berliner Stadtsilhouette steht. **Der Kritik wird häufig vorgeworfen, sie beleuchte im Großen und Ganzen nur das, was ohnehin auffällt, den Rest nähme sie nicht war. Sie habe sich zum Diener der Aufmerksamkeitskultur gemacht. Gibt es ein Aufmerksamkeitsdefizit der Architekturkritik?** Das würde ich ein wenig korrigieren wollen. Die Medien und der Journalismus sind schon seit jeher Diener der Aufmerksamkeitskultur. Der Journalismus ist ein Spiegel, der das wiedergibt, was in der Gesellschaft geschieht. Das, worüber alle berichten, liest beispielsweise der Chefredakteur und fragt dann in der Redaktionssitzung: „Da ist doch dieses interessante Hochhaus vom Architekten M.

in Frankfurt. Warum haben wir keinen Beitrag darüber?" Ein mutiger Ressortleiter würde jetzt sagen, ja lieber Chefredakteur, da musst du halt die Frankfurter Rundschau kaufen, wir machen das nicht. **Gibt es solche mutigen Ressortleiter?** Ja. Es gibt ja nichts Renitenteres als Ressortleiter bei einer Tageszeitung. Der Mechanismus des Spiegelns der allgemeinen Aufmerksamkeitsintensität für bestimmte Themen ist ein ganz normaler Mechanismus in den Medien und der Presse. Insofern könnte man ihn auch dumm nennen. Aber nichtsdestotrotz ist es jedem guten Journalisten unbenommen, ein absolutes Rand- und Exotenthema mit großem Pomp in die Zeitung zu tragen. Er muss sich damit natürlich intern durchsetzen. Da hängt viel vom Temperament des Kritikers ab. Als Redakteur sehe ich auch, wie die Architekten oder Architekturkritiker versuchen, mir Kritiken zu verkaufen. Ich gebe zu, dass es mir, um ein Beispiel zu nennen, durchaus zu wenig ist, wenn mir jemand nur einen Bericht über ein von ihm als gelungen empfundenes Gebäude in Ostfildern anträgt. Kann er nicht klar darlegen, was er über das Gelungensein des Bauwerkes hinaus aufzeigen will, wird der Beitrag wohl nicht erscheinen. Dafür haben wir keinen Platz. Ich muss hier auch meine eigene Zunft in die Kritik nehmen. Literatur- oder Filmkritiker werden ja zum Beispiel nicht müde, anhand eines Buches, anhand einer Filmszene die ganze Welt zu erklären. Da fehlt mir bei vielen Architekturkritikern die journalistische Neugier, die Leidenschaft, eine bestimmte Qualität des Schreibens und die Relevanzbehauptung. Es gibt ein Handwerkszeug für die Architekturkritik. Architekturkritik ist Journalismus, und der hat wie jede

Profession seine Regeln. Der gute Artikel über ein exotisches Thema wird sich gegen einen schlechten Artikel über ein vielbeachtetes Thema durchsetzen. **Der Schweizer Journalist und Kritiker Benedikt Loderer hat einmal gesagt: „Der Kritiker will geliebt werden."** [2] **Stimmt das?** Hm, manche wollen auch gehasst werden. **Nein, Architekturkritiker doch nicht! Das gibt es vielleicht in anderen Bereichen. Ich vermisse den Architekturkritiker, der gehasst werden will.** Also, Kritiker wollen wahrgenommen werden. Es gibt nichts Schlimmeres für einen Kritiker, als wenn die Reaktion auf einen Verriss oder ein epochales Lob null ist. Interessant ist zum Beispiel, dass, seit wir mit der SZ online sind, die Bereitschaft der Leser, einen zu beschimpfen, stark zugenommen hat. Früher gab es da ordentliche Briefe mit Begründungen, die durchaus zu dem Tenor kamen, man wäre völlig inkompetent. Jetzt steht schon in der Betreffzeile „Inkompetenz" mit darauf folgender Tirade. Zurück zur Liebe. Geliebt werden würde ja letztlich bedingungslose Hingabe unabhängig von meinem Tun bedeuten. Das möchte ich als Kritiker nicht. Ich möchte respektiert werden. Geliebt werden wollen Kritiker von ihren Frauen und Männern. **Sie haben vor einigen Jahren mit einem Architekten Ihr eigenes Haus gebaut. Herausgekommen ist ein Architektenhaus. Hat das Ihre Sicht auf die Architekten verändert?** Den Begriff Architektenhaus weise ich auf das Strengste von mir. Nein, der Begriff erinnert mich an andere unsägliche Begriffe wie Bäckersemmel oder Frisör-Frisur. Meine Sicht auf Architekten war immer eine theoretisch positive, nach dem Motto: Architekten sind ganz wichtig. In meinem konkreten Fall, im Ernstfall, habe ich dann hautnah erlebt, wie wichtig er für mich war. Mir wurde gerade bei der scheinbaren Einfachheit – Bau eines Einfamilienhauses – die doch immense Komplexität des Vorhabens bewusst. Da ist es unabdingbar, jemanden wie den Architekten zu haben, der die vielen vorhandenen Probleme löst. Ich habe sicherlich seither mehr Respekt vor der Profession der Architekten – und ich würde wieder mit einem Architekten bauen.

1: Christoph Hackelsberger: Ein Architekt sieht München. 24 kritische und positive Beiträge zur städtebaulichen und architektonischen Maßnahmen in und um München, München: Hugendubel Verlag, 1981 (Publikation einer Artikelserie in der SZ)
2: Das Zitat von Benedikt Loderer stammt aus dem Gespräch, das in diesem Band abgedruckt ist (S. 70).

BENEDIKT LODERER

RECHT HABEN UND SCHÖNSCHREIBEN

Herr Loderer, Sie sind schon äußerlich einer der ungewöhnlichsten Architekturkritiker, die mir bekannt sind. In Ihren Stadtwandererblogs treten Sie stets mit rotem Jackett und Zipfelmütze auf. Ist das das Corporate Design des Benedikt Loderer oder eine Art Narrenkleid? Mütze, Edelweißkrawatte, das rote Jackett sind eine Uniform. Wiedererkennungswert ist ihr Sinn. Im Meer des Internets ein roter Fleck. Der Narr darf sagen, was wahr ist, diese Rolle lässt viel Freiheit. Hierzulande wird man mit dem lehmigen Fluch unseriös! Vernichtet. Da bin ich lieber närrisch. Anders herum: Ich denke an meine Zuschauer oder meine Leser. Grundsätzlich gibt es zwei Sorten Architekturkritiker. Die einen schreiben für die, die sie vor sich haben, die andern für die, die ihnen über die Schulter gucken. Die einen werden Journalist, die andern Professor. Die einen werden von den vielen gelesen oder im Blog besichtigt, die andern sind auf den Applaus des akademischen Zirkels aus. Noch einmal anders herum: Worüber man nicht lächeln kann, darüber muss man schweigen. **Sie üben oft harsche Kritik an den Schweizer Zuständen. Fühlen Sie sich in der Schweiz mit Ihrer Kritik ernstgenommen?** Es gibt ein klares Kriterium in der Eidgenossenschaft: Ernstgenommen wird, wer referendumsfähig ist. Wenn ich als Architekturkritiker zum Beispiel mitwirke, dass das überrissene Projekt für ein Kongresszentrum von Moneo in der Volksabstimmung abgelehnt wird, dann nehmen die Inhaber der politischen Gewalt mich ernst. Wenn ich feuilletoniere, kitzle ich sie höchstens. Conclusion? Architekturkritik muss Lokaljournalismus sein, nicht Kulturberichterstattung. Dazu kommt: Was man hinterher über einen Bau schreibt, ist, wenn's gut ist, intelligent, wirkungslos ist's immer. Wirkung in unserem Metier ist Ein- und Vorwirkung. Man muss gegen die Projekte kämpfen – und selbstverständlich auch für sie –, nicht gegen die fertigen Bauten. Will die vereinigte Planungsintelligenz von Stadt und Kanton Bern einen unsinnigen Bahnhof bauen, dann muss man so früh wie möglich „Falsch!" schreien. Später ist's vorbei. Zusammenfassend: Ernst genommen wird, was politische Wirkung hat. Daneben bleibt noch die weite Spielwiese, wo die kulturellen Blüten wachsen. **Wonach bemisst der Kritiker Loderer seinen Erfolg und was würden Sie als Ihren größten Erfolg als Kritiker betrachten?** Der Kritiker will geliebt werden. Er misst seinen Erfolg nach der Beachtung, die zur Achtung wird, in meinem Fall zur Lokalfigur. Nach dreißig Jahren Schreiben wird man gefragt. Auch habe ich mir bereits einen kurzen Nachruf im Tages-Anzeiger verdient. Doch auf dem Grabstein wird stehen: War das alles? Dazu kommt der Kleinunternehmer. Der Aufbau und das Überleben von Hochparterre, das ist mein größter Erfolg. Dahinter steckt wie bei den Architekten der Werkgedanke, etwas zu hinterlassen, von dem gesagt wird: Gegründet von Benedikt Loderer. **Ihre kritischen Ausführungen gehen weit über Betrachtungen zum Architekturobjekt hinaus. Sie sprechen unter anderem über Infrastruktur, Agglomeration, Regulierungsdichte oder Technik als Subjekt der Geschichte. Wie würden Sie Ihren Ansatz zur Architekturkritik definieren – und worin sehen Sie den Unterschied zu anderen Kritikern?** Der Unterschied zu den Schreibgenossen ist mir ziemlich wurst. Ich schreibe nicht für die gleichen, sondern für die andern. Ich muss weder scharfsinniger noch belesener sein als mein Nebenbuhler, solange mein Text besser ist. Das ist er, wenn der Leser drauskommt, sich aufregt oder einverstanden ist und im besten Fall etwas tut. Beim Lesen sollte im Kopf des Lesers das Kino zu laufen beginnen. Der Text generiert die Bilder des Beschriebenen und die stimmen mit dem Gebauten überein. Die Aufgabe des Kritikers ist das Erfinden von Sprachbildern. Infrastruktur, Agglomeration und der Rest sind Tatsachen, also Teil meiner Welt. Soll ich sie verdrängen? Es gibt wichtigere Dinge als die schönen Häuser. Zum Beispiel: Was sind die Voraussetzungen, dass schöne Häuser möglich werden? **Architekturkritik braucht die Gesellschaft als Nährboden. Doch wie hält es dieser Nährboden mit der Kritik? Ist er nicht inzwischen ziemlich dürr geworden und wird immer dürrer? Ist die Kritik nicht seit langem in den Sog eines allgemeinen gesellschaftlichen Regressionsprozesses geraten, eines Abwehrmechanismus gegenüber allen unbequemen Wahrheiten, die, zu Ende gedacht, heute bis ans Existenzielle gehen?** Die Klage vom Verschwinden der Kritik ist so alt wie sie. Doch wann bitte hat es die ernsthafte, die wegweisende Architekturkritik wirklich gegeben? War ihr Nährboden nicht das Bildungsbürgertum, das unterdessen eine gefährdete Art ist? Ob das heutige Star-System eine Regression ist, also ein Rückfall auf ein tieferes kulturelles Niveau, bin ich nicht so sicher. Ich stelle einfach fest, dass die Architektur wieder Prestige bringt, man sammelt Architekten. Sie ist wieder ein öffentliches Thema. Wobei der Grundsatz gilt: Nur was im Fernsehen ist, ist. Das sind neue Arbeitsbedingungen, denen wir nur durch Rückzug in den Elfenbeinturm entgehen.

Unsere Arbeit besteht unter anderem auch darin, die Architektur ins Fernsehen zu bringen. Wir gehören zu denen, die aufmerksam machen. Wie entsteht zum Beispiel ein Star? Keine der unbequemen Wahrheiten hat, nur ein Mal gesagt, eine Wirkung. Es liegt an uns, sie ständig zu wiederholen. Zusammenfassend: Ich bin da nicht so kulturpessimistisch. **Wie wirksam ist Architekturkritik unter den speziellen Bedingungen der Schweiz – extremer Wohlstand bei sehr hohem architektonischem Niveau? Sie haben einmal gesagt, die schweizerische Methode, Dinge nicht ernst zu nehmen besteht darin, dass man sie nicht zur Kenntnis nimmt oder, wenn man sie zur Kenntnis nehmen muss, sie verdrängt. Wo kann da Kritik noch wirksam ansetzen?** Wirksam ist, was früh ist, das habe ich bereits gesagt. Wirksam ist auch, was verlangsamt. Da beginnt der Sonderfall. Nicht nur über ein Referendum können Projekte zu Fall gebracht werden, nein, man kann sie auch auf dem Rechtsweg Jahre verzögern. Manche Bauherrschaft überlegt sich das und versucht die Opposition schon beim Entstehen des Projekts einzubinden, anders herum Kompromisse zu schließen. Der Kritiker spielt in diesem Prozess die Rolle eines Sichtbarmachers und Beschleunigers. Ihn zu verdrängen ist nicht immer leicht. Doch spielt sich das nur auf der Ebene Projekt ab, nicht in planerischen Fragen. Verdrängen heißt: Was in Nachbars Garten geschieht, ist lebenswichtig, was im großen Rahmen läuft, interessiert mich erst, wenn's zu spät ist. Dagegen schreibt Sisyphos an. Aber er tut es unverdrossen. Doch man tut den Schweizern Unrecht, wenn man sie für unbeweglich hält, sie sind bloß zu gut genährt und ihr Gott heißt Besitzstandswahrung. Doch ändern sie sich schneller als ihnen bewusst ist. Ob es spezielle Bedingungen gibt? Wenn ich nur von mir rede, ja. Das Hochparterre ist ein redaktionseigener Betrieb. Wir entscheiden allein, wozu wir wie Stellung nehmen. Das ist ein Privileg, das ich allen Kritikern wünsche. Allerdings bleibt die Wirkung des Hefts unter Pfarrerstöchtern, über die Architekten- und Designerszene kommen wir nicht hinaus. **Wie schätzen Sie die Möglichkeiten der neuen Medien für die Architekturkritik ein? Welche Erfahrungen haben Sie damit gesammelt?** Fangen wir bei den Erfahrungen an: Das Internet ist selbstverständlich, doch eine brauchbare Website ist darum ein Luxus, weil man sie nicht mit Werbung finanzieren kann. Die Leser, pardon, User glauben, dass sie alle Leistungen auf dem Netz gratis zu gute haben. Für die Kritik ist das Netz ein ausgezeichnetes Instrument: schnell, spontan, dialogisch, allerdings wird es nicht ernst genommen. Was im Netz abgesondert wird, gilt als Smalltalk. Das trifft auch zu auf den Stadtwanderer mit Mütze und rotem Kittel. Doch sehen sich den rund tausend Leute pro Sendung an, was zu einer Stadtwanderergemeinde führt und damit dem Kritiker eine Unterstützerschar beschert, die ihn gewichtiger macht. Das Internet ist auch unser Archiv. Wir haben auch in Zusammenarbeit mit dem Fernsehen DVD eingesetzt. Stichwort: Die Scheibe zur Sendung. Das ist aber ein Nebenschauplatz. Aber der Verbund von Ausstellung, Sonderheft, Fernsehsendung und DVD zum Beispiel lotet neue Möglichkeiten aus, wir kommen uns wie Pioniere vor. Überhaupt Verbund. Man kann die Zusammenarbeit mit dem Fernsehen, die alljährliche Auszeichnung „Goldener Hase" für die Besten des Jahres in Architektur, Landschaftsarchitektur und Design vielleicht auch zu den neuen Medien zählen. Anders herum: Der Ausgang der Fachzeitschrift aus ihrem selbstverschuldeten Elfenbeinturm. **Häufige Präsenz in allen Medien nach dem Motto „Steter Tropfen höhlt den Stein" scheint also ein wichtiger Aspekt der Wirksamkeit von Kritik zu sein. Wie steht es mit der Qualität der Kritik? Spielen die Stringenz der Argumente, der dramaturgische Aufbau, der sprachliche Stil, aber auch der Sprachwitz noch eine Rolle? Worin liegt Ihrer Meinung nach die Qualität einer Kritik?** Die Qualität hat zwei Abteilungen: das Rechthaben und das Schönschreiben. Rechthaben ist das, was Sie „Stringenz der Argumente" nennen, ich übersetze das mit Überzeugungskraft. Wenn dem Leser einleuchtet, was ich schreibe, obwohl er vorher noch keine Meinung hatte oder nicht der meinen war, dann habe ich mein Ziel erreicht. Die, die ohnehin schon auf meiner Seite waren, fühlen sich bestätigt. Schönschreiben heißt gut schreiben. Nach allen Regeln der Kunst. Meistens ist ja die Kritik ein Text. Gute Texte zu schreiben, dafür gibt es erstens Handwerksregeln und zweitens Begabung. Der Blick aufs Zielpublikum ist hier unbedingt nötig. Man muss schreiben, wie dem Leser der Schnabel gewachsen ist, nur besser. Genauer: prägnanter, dichter, bildhafter. Das versuche ich nun schon ein Schreiberleben lang. **Zum Schluss noch eine Frage, die mich schon lange in meinem persönlichen Verhältnis zur Schweiz und ihrer Architektur beschäftigt. Die Schweiz wird seit geraumer Zeit für ihre kompromisslos moderne und perfekt ausgeführte Architektur bewundert. Trotz der vielen guten Bauten, die ich in ihrer Perfek-**

tion bewundernswert finde, beschleicht mich beim Besuch der Schweiz manchmal das Gefühl, als liege der Hauch einer gewissen Starre über dem Land. Ich meine, hierzu trägt auch die Perfektion der Bauten bei. **Sind das nur Vorurteile, die sich in einem diffusen Gefühl äußern, oder besteht ein Zusammenhang zwischen der Statik gesellschaftlicher Zustände in einer Gesellschaft, die schon sehr lange ohne gravierende gesellschaftliche Umbrüche fortbesteht, und der Perfektion als Ausdruck gut-, aber doch festgefügter Verhältnisse?** Ist die Perfektion gebaute Starre? Vor zehn Jahren noch hätte ich ja gesagt. Heute hingegen schwimmt's. Vergessen Sie die Schweiz von gestern, sie ist am implodieren. Der Sonderfall wird Folklore, die die Blöße des Kleinstaats decken muss. Gewiss, „die festgefügten Verhältnisse" sind noch da, doch zerbröselt die Fügung, was auch die Verhältnisse verändert. Ins Architektonische übersetzt: Die messerscharfe Schweizerkiste ist vorüber. Wir sind in der Welt angekommen und längst nicht mehr so schweizerisch, wie das von außen aussieht. Was aber bleibt, ist der Grundsatz „Entwurf und Konstruktion sind eins". Was immer ich erfinde, muss ich auch bauen können, im Klartext: die Ausführungspläne dazu zeichnen. Ich kenne keinen Papierarchitekten hierzulande. Das protestantische Pflichtbewusstsein verlangt die Perfektion, denn ihr erstes Gebot lautet: Du darfst nicht schlampen. Man kann's auch anders herum betrachten: Da wir das Geld haben, wollen wir auch die Leistung.

FRIEDRICH ACHLEITNER

**DIE
GRENZEN
DER KRITIK**

Herr Professor Achleitner, Sie haben einmal geschrieben: „Man könnte (...) die Frage stellen, wieweit der jeweilige Architekturbegriff einer Zeit ein Produkt der sprachlichen Kommunikation ist. Damit wäre jede verbale Äußerung über Architektur ein Bestandteil des kollektiven Begriffes oder der Anschauung von Architektur, also ein legitimes Element der Rezeption."[1] **Kann man dies heute in einer stark bilddominierten Zeit so noch aufrechterhalten?** Vermutlich nicht mehr. Allerdings ist die vermehrte „Bildorientierung" keine Garantie für eine präzise Information. Eigentlich das Gegenteil. Bilder werden ja heute nicht einmal mehr als Dokumente anerkannt, weil sie durch die technischen Möglichkeiten problemlos zu verändern sind. Und Architekturfotographie war ja öfters mehr Deutung als Dokumentation. Ich halte es, was die sprachliche Kommunikation betrifft, immer noch ein wenig mit Wittgenstein: Sie funktioniert eigentlich nur bei gleichem Erfahrungs- und Wissensstand. Also zwei Tischler können (oder konnten sich „seinerzeit") problemlos über Hölzer, Verfahren, handwerkliche Tricks etc. unterhalten. **Wenn der Architekturbegriff ein Produkt der Kommunikation über Architektur ist, sehen Sie dann eine Korrelation zwischen der Qualität von Architekturkritik und der Qualität des Gebauten?** Ich vermute eher, dass Architekturkritik gänzlich unabhängig von der Qualität des Gebauten ist, oder besser, je qualitätsvoller eine Architektur ist, umso mehr ist die Kritik auch gefordert. Ich bin ja zunehmend der Meinung, dass bei der Komplexität der heutigen Bauprozesse Kritik kaum mehr verbal möglich ist. Anders gesagt: Die beste oder einzig mögliche Kritik wäre das Gegenprojekt. Kritik kann nur mehr ein Kommentar von außen sein, also eine höchst fragwürdige und kontextabhängige Sache. Die Frage ist: Kritik von wem für wen? **Wie schätzen Sie die Situation der Architekturkritik in fachspezifischer und gesellschaftlicher Hinsicht heute ein?** Gibt es überhaupt noch eine Architekturkritik? Der Kritiker (die Kritikerin) müsste in Planungsprozesse permanent eingebunden sein. Diese „Ausbildung" kann sich niemand leisten, interessiert auch niemanden und wird auch nicht bezahlt. Ich hatte als „Jungkritiker" das Prinzip, mir die Klagen der Architekten gar nicht anzuhören, weil man ja sofort vom Mitleid überwältigt wird und zum Ergebnis keine Distanz mehr bewahren kann. Andererseits verliert man aber dadurch den Kontakt zur Bauwirklichkeit. Also kam ich zur Einsicht, dass ein Kritiker keine Angst vor Baustellen haben sollte. **Können Sie rückblickend auf Ihre langjährige Beschäftigung mit Architekturrezension und -kritik Entwicklungen der öffentlichen Architekturwahrnehmung feststellen? Finden diese Entwicklungen eine Entsprechung in der Rezension und Kritik?** Ich finde eben, dass Kritik langsam verschwindet, und dass man schrittweise von einer „Konzeptionskultur" in eine „Rezeptionskultur" hinübergleitet. Ich sehe immer mehr meine Aufgabe in einem Hinführen zur Architektur und ihren Problemen. Urteile – die meist mit dem absoluten Wahrheitsanspruch gefällt werden (auch unter Architekten und Architektinnen) – interessieren mich immer weniger. Ich finde sie auch ermüdend. **Der Schweizer Journalist und Architekturkritiker Benedikt Loderer meint, dass Architekturkritik erst dann ihre Druckerschwärze wirklich wert sei, wenn sie zum Lokaljournalismus werde. Wenn** man den landläufigen Lokaljournalismus Revue passieren lässt, könnte man auch zur Auffassung gelangen, dass gerade die Verankerung der Rezension im Feuilleton ein Garant für das erforderliche inhaltliche und sprachliche Niveau sei. Wie sehen Sie das? Dazu habe ich eine Erfahrung: Ich war auch immer der Meinung, dass die Architekturkritik – oder öffentlich geäußerte Architekturwahrnehmung – nicht in den Kultur-, sondern in den Lokalteil der Zeitungen gehört. In Salzburg gab es in den ersten vier Jahren des Gestaltungsbeirats (unter Johannes Voggenhuber) einen Lokalberichterstatter, der bei jeder öffentlichen Sitzung anwesend war und der sich zu einem profunden Berichterstatter entwickelte, nur wurden seine Kenntnisse der Zeitung zu gefährlich, so landete alles wieder in der „Kultur". Um es verkürzt zu sagen, bei harmlosen „Geschmacksurteilen". **Eine Forderung an die Architekturkritik von Jörn Köppler lautet: „Kritik soll das Wie des Gebauten mit dem darin enthaltenen Warum seiner Bedeutung konfrontieren und damit das Verhältnis des Gemachten zum Gedachten denkend prüfen."** [2] **Diesen Zusammenhang vermisse ich in vielen Rezensionen. Wie ist Ihre Einschätzung der Bedeutung von Wertung in der Rezension einerseits und der Prüfung und Einschätzung der Relevanz der einer Architektur zugrundeliegenden Gedanken andererseits?** Vielleicht könnte man es so sagen: Das Gemachte – Gebaute – hat gegenüber dem Gedachten immer Recht, auch wenn es falsch oder misslungen ist. Das ist auch das Desillusionierende an der Kritik, dass sie immer zu spät kommt und eigentlich wenig verändert. Meine Erfahrung ist die, dass beharrendes verständnisvolles „Lob", das Zugehen auf Probleme, ihre

Vermittlung, den Architekten und der Architektur mehr hilft als echte und gutgemeinte negative Kritik. Der Verriss dient schlussendlich eher den Kritikerinnen und Kritikern als den Architekturschaffenden, die als Selbstausbeuter erster Ordnung ohnehin zu einer unterprivilegierten, wenn nicht aussterbenden Spezies gehören. Es geht nicht darum in Diskussionen Recht zu behalten, sondern das Klima zu verändern, in der architektonische Qualität entstehen und überleben kann. Wenn dazu die Architekturkritik beitragen kann, ist sie auch gerechtfertigt.

1: Hochschule für Angewandte Kunst Wien (Hrsg.): Friedrich Achleitner: Eine Ausstellung des Bundesministeriums für Unterricht, Kunst und Sport unter Mitwirkung der Hochschule für angewandte Kunst. Galerie in der Staatsoper März 1985. Wien: Hochschule für Angewandte Kunst, 1985, S. 9
2: Jörn Köppler: „Die geistige Statik des Bauens", in: Conrads, Führ, Gänshirt (Hrsg.): Zur Sprache bringen. Theoretische Untersuchungen zur Architektur Bd. 4. Münster u.a.: Waxmann, 2003, S. 122

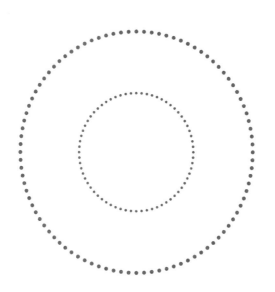

CLAUS KÄPPLINGER

**KRITIK
ALS
SELBSTERFAHRUNG**

Friedrich Achleitner schrieb, nicht zur Architekturkritik, aber zum Entstehen zeitspezifischer Architekturbegriffe: „Man könnte die Frage stellen, wieweit der jeweilige Architekturbegriff einer Zeit ein Produkt der sprachlichen Kommunikation ist. Damit wäre jede verbale Äußerung über Architektur ein Bestandteil des kollektiven Begriffes oder der Anschauung von Architektur."[1] **Wie weit trägt Ihrer Meinung nach diese rhetorische Frage Achleitners, und welchen Beitrag leistet die Architekturkritik zu dieser Begriffsbildung?** Man sollte die Macht des Wortes selbst heute nicht unterschätzen, wenn es auf offene Ohren und neue Interessen trifft. Immer wieder gab es in bestimmten Zeiten der Entwicklung Momente, in denen gerade die Kritiker eine neue Tür durch ihre Begriffsbildungen öffneten. Der Begriff „Dekonstruktivismus" war etwa ein Beispiel dafür, von dem jedoch am Ende jenseits der Popularisierung einiger Architekten nur wenige profitiert haben. Die Bildung von Begriffen zur Verarbeitung neuer Erfahrungen stellt vor allem eine anthropologische Notwendigkeit dar. Und der Begriff formt wiederum unsere Wahrnehmung von dem Gesehenen wie auch folgender neuer Erfahrungen. Und eine gute, profunde, ja in gewisser Weise auch kreative Architekturkritik kann ihren Teil zu einer Begriffsbildung in weiteren Teilen der Gesellschaft beitragen – vielleicht sogar mehr als so manche Architekturtheorie. Doch jeder Begriff ist ein „Überraschungspaket" – er kann eine neue Welterfahrung ermöglichen oder sich als Büchse der Pandora erweisen. **Wenn der Architekturbegriff, den eine Gesellschaft entwickelt, ein Produkt der Kommunikation über Architektur ist, müsste dann nicht auch eine Korrela-**

tion bestehen zwischen der Qualität der architektonischen Kommunikation und der Qualität der Architektur selbst?

Egal welchen Bereich man betrachtet, nur selten gibt es eine direkte Korrelation zwischen Praxis und Reflexion. Nur an bestimmten Orten, unter wenigen Personen und für eine gewisse Zeit kann sie sich in einer reziproken Korrelation einstellen. Dies war etwa zu Beginn der Postmoderne wie auch zu Beginn der „neuen" Deutschschweizer Architektur der Fall. Ihre Architekten und Gebäude wären ohne die sie begleitenden und teilweise auch inspirierenden Intellektuellen kaum so entstanden und verbreitet worden. Praxis und Kritik forderten sich wechselseitig heraus, bevor sie von den Marktmechanismen vereinnahmt wurden. Kurz gefasst: Wenn sich Architekten und Intellektuelle auf gleicher qualitativer Höhe und mit den gleichen Leidenschaften zusammenfinden, dann können sehr produktive Korrelationen entstehen, die beiderseits Qualitäten fördern. Doch wenn die Architekten oder andere Leser/Zuhörer nur nach Bestätigung verlangen, bleiben beide bei sich und mit ihren vermeintlichen Qualitäten alleine. **Manchmal glaubt man – aus der Distanz betrachtet – derartiges in Ländern zu finden, die für gute Architekturpraxis bekannt sind, wie beispielsweise Österreich. Sie selbst schreiben unter anderem für die österreichische Fachzeitschrift architektur. aktuell. Können Sie diese Vermutung bestätigen oder ist das nur ein von außen projiziertes Wunschbild?** Man sollte vorsichtig damit sein, andere Länder um ihre vermeintliche architektonische Kultur zu beneiden. Auch in Österreich, Portugal, Norwegen oder Dänemark entsteht das meiste Gebaute ohne städtebauliche oder architektonische Qualität. Der Unterschied besteht oft nur in ein paar Prozent mehr an besseren Bauten und einer höheren Wertschätzung durch die eigene Bevölkerung und in der internationalen Rezeption. Diese Wertschätzung hat oft ihren Grund in zwei Aspekten, die weiter reichende Auswirkungen haben: Zum ersten besitzen „kleinere" europäische Länder weniger ökonomische oder politische Macht. Viel bewusster bedient man sich dafür der Kultur, der Architektur und des Designs, um das Eigene in einer Zeit der Europäisierung und Globalisierung zu bewahren und herauszuarbeiten. Zum zweiten existieren in vielen kleineren Ländern oder Regionen noch traditionellere Verhaltensweisen, die auf persönliche Kontakte, Verbindlichkeiten und Vertrauen aufbauen, die weniger rationalisiert, formalisiert und ökonomisiert sind als etwa in vielen Teilen Deutschlands. Man kennt sich besser, man ist aufeinander angewiesen und man vertraut sich. Wenn dann noch Offenheit gegenüber Neuem hinzukommt und auch neue gesellschaftliche Gruppen durchaus mit internationalen Horizonten mehr Verantwortung übernehmen wollen, dann kann es zu wirklich interessanten Entwicklungen in der Architektur kommen. Und dies alles ist in einigen – bei weitem nicht allen – Regionen Österreichs der Fall. Ich selbst habe erlebt, dass mich eine Winzerin in der Steiermark ansprach, als sie meinen Namen hörte, ob ich derjenige sei, der für die österreichische Architekturzeitschrift architektur.aktuell schreibe. Sie und ihr Mann hatten für den Ausbau ihres Betriebs begonnen Architekturzeitschriften zu lesen und haben offenbar nicht nur die Bilder, sondern auch die Autoren – Architekten wie Kritiker – wahrgenommen. Wo gibt es das in Deutschland? **Architekturkritik findet in vielerlei Formen und auf vielen Ebenen statt, im Feuilleton der Tageszeitung, im Lokalteil, in Fachzeitschriften und im Rahmen öffentlicher Veranstaltungen, alles immer mehr und immer öfter. Es entsteht der Eindruck einer beinahe inflationären Menge, die zwar auf ein großes öffentliches Interesse hindeutet, jedoch auch Entwertungstendenzen mit sich bringt. Wie groß ist einerseits die öffentliche Aufmerksamkeit, wie hoch andererseits die Aufnahmebereitschaft für Architekturkritik?** Vorab: Masse bedeutet noch lange nicht Klasse, und wirkliche Architekturkritik gibt es kaum mehr. „Architekturkritiker sind heute Dinosaurier", so der O-Ton eines Kollegen. Das Großteil des heute über Architektur Publizierten ist „Public-Relation", oder anders ausgedrückt „Life-Style-Trend-Berichterstattung" und Product Placement. Architektur ist dort primär ein ökonomisches Gut, ein Element sozialer Distinktion bzw. Oberfläche, nicht mehr und nicht weniger. Kritik jenseits von Budgets wollen der größte Teil der Öffentlichkeit und die Medien nicht hören, zumal letztere primär um ihre Werbekunden bangen. Verunsichert ist auch der Großteil der Gesellschaft durch alle Schichten, die auf keine gemeinsame Basis mehr zurückgreifen können und nach neuen bzw. „neu-alten" Werten suchen. Und da wir heute in keiner Reflexionskultur, sondern in einer visuellen Kultur leben, geschieht die Suche vor allem über visuelle Objekte wie Architektur. Architektur hat so tatsächlich an Bedeutung gewonnen, wenn auch sklerotisch auf ihre visuell-emotionalen Aspekte reduziert. Kurzum: Architektur wurde für viele zum reinen, kurzweiligen Event der Selbsterfahrung und

Selbstversicherung, die kein Zweifel oder Argument trüben soll. Und da liegt das ganze Problem aller Kritiker, wenn sie sich nicht zum Entertainer wandeln wollen. **Zurück zu den Ebenen, auf denen Kritik stattfindet. Der Schweizer Journalist und Architekturkritiker Benedikt Loderer meint, dass Architekturkritik erst dann ihre Druckerschwärze wirklich wert ist, wenn sie zum Lokaljournalismus wird. Damit meint er wohl das Durchsickern einer unterscheidenden Betrachtung von Architektur in weite, bisher nicht mit Architektur befasste Bevölkerungsschichten. Soweit also ein nachvollziehbarer Gedanke. Wenn man die Qualität des gängigen Lokaljournalismus Revue passieren lässt – und das betrifft auch renommierte Tageszeitungen –, dann könnte man auch zur Auffassung gelangen, dass gerade die Verankerung der Architekturkritik im Feuilleton ein Garant für das erforderliche inhaltliche und sprachliche Niveau ist. Wie sehen Sie dies?** Ich stimme Benedikt völlig zu, der gern Sachverhalte zuspitzt, um überhaupt noch eine Reaktion auszulösen. Seine Aussage schließt keineswegs die „hohe" Architekturkritik aus, sondern relativiert allein ihre Bedeutung in den „Mühen der Ebenen", wie es Brecht ausdrückte. Ohne die Ebene guter Lokalkritik droht der Architekturkritik ein Dasein im Elfenbeinturm, wo sie Einfluss allein auf Fachleute und gebildete Kreise hat. Wer liest heute noch das Feuilleton oder Fachzeitschriften? Selbst viele Architekten tun dies nur noch sehr selektiv. Doch fast jeder beschäftigt sich mit Nachrichten aus seinem Umfeld und Lebens- bzw. Arbeitsorten, insbesondere die Politiker und Investoren. Der Lokaljournalismus hat auf dieser Ebene viel mehr Gewicht als das Feuilleton, wo Architekten, wenn überhaupt genannt, zumeist nur als Künstler oder Spinner auftauchen. Deshalb die Forderung nach mehr Kommunikation zwischen Feuilleton und Lokalteil, Architekt und Redaktion sowie letztlich zur breiten Öffentlichkeit. **Es gibt sehr viele Forderungen an die Kritik im Allgemeinen und die Architekturkritik im Besonderen. Hier eine von Jörn Köppler: „Kritik soll das Wie des Gebauten mit dem darin enthaltenen Warum seiner Bedeutung konfrontieren und damit das Verhältnis des Gemachten zum Gedachten denkend prüfen."** [2] **Dieses Verhältnis des Gemachten zum Gedachten und die Prüfung der Relevanz des Gedachten ist genau der Zusammenhang, den ich in vielen Rezensionen schmerzlich vermisse. Inwieweit können sie dieser Forderung Köpplers folgen?** Die Aussage erscheint mir etwas zu philosophisch bzw. auf die Autorenschaft allein verengt – wenngleich ich auch Philosophie und Kunst studiert habe. Für mich ist Architektur nicht primär die Idee, sondern der gebaute, physische Raum. Architektur ist keine Kunst und der Architekt primär kein Künstler. Architektur ist im besten Sinne eine praktische und soziale Kunst, die nur vom Wechselspiel verschiedener Einflüsse, Personen und Institutionen erklärbar ist. Die Idee hat dort auch ihre Bedeutung und keineswegs eine geringe, doch Architektur muss sich vor allem im gesellschaftlichen Diskurs beweisen. Viel zu oft wird mir in Rezensionen über die Ideen der Architekten oder ihrer Autoren geschrieben, die dann zumeist einer Überprüfung im sozialen und physischen Raum kaum standhalten. Um es hart auszudrücken, viele Rezensionen erscheinen mir heute wie eine Art intellektueller Selbstbefriedigung, steril und autistisch. **Es gibt in Deutschland sicherlich eine Handvoll renommierter Kritiker, die fundiert, solide recherchiert und auch engagiert schreiben.** Mit dieser Art des Schreibens kommt man aber noch nicht über gediegene Langeweile hinaus. **Ich wünsche mir manchmal, neben all den Fundierten, Klugen und Rechtschaffenen, einen (frühen) Maxim Biller der Architekturkritik. Wie geht es Ihnen?** Da sind wir wieder fast beim gehobenen Boulevard und dem Event, die gewiss auch ihre Berechtigung und ihren Wert haben. Allein ihre Halbwertzeit ist wirklich gering. Was interessiert mich schon morgen das Gerede von gestern? Wer's benötigt, soll sich's wünschen. – Ich jedenfalls nicht. Wenn profunde Kritik heute nur noch als langweilig empfunden werden kann, dann tut es mir leid, wenngleich sich der Kritiker immer auch selbst hinterfragen muss, wen er wie mit welchen Worten erreichen kann. Vor Jahren gab es in der FAZ einen Kollegen mit großem rhetorischen Vermögen, der aber fast zwangsläufig ein „Wellenreiter" war, der mit seiner spitzen Zeitgeistfeder mehr sich selbst und seine Wogen als den Gegenstand seines Schreibens im Blick hatte. Das Schielen nach mehr Resonanz schmeichelt gewiss dem eigenen Ego und fördert auch die Karriere, aber verbessert es wirklich etwas?

1: Friedrich Achleitner: „Von der Unmöglichkeit, über Architektur zu schreiben", in: Aufforderung zum Vertrauen. Aufsätze zur Architektur, Salzburg und Wien: Residenz Verlag, 1987, S. 142
2: Jörn Köppler: „Die geistige Statik des Bauens", in: Conrads, Führ, Gänshirt (Hrsg.): Zur Sprache bringen. Theoretische Untersuchungen zur Architektur Bd. 4. Münster u.a.: Waxmann, 2003, S. 122

DIETER BARTETZKO

**DAS NORMALE
IST UNS ABHANDEN
GEKOMMEN**

Gibt es Themen der Architekturkritik, die Sie gerade heute für besonders wichtig halten? Ich denke, Architektur ist per se immer ganz wichtig und gegenwartsbezogen. Die jeweils aktuellen Zeitprobleme spiegeln sich, ob wir es wollen oder nicht, in der Architektur. Von daher heißt sich mit Architektur zu beschäftigen, sich mit der Gesellschaft und den jeweils aktuellen Problemen zu beschäftigen. **Welche der aktuellen Probleme sind für Sie die herausragenden, diejenigen, die einer besonderen Aufmerksamkeit der Kritik bedürfen?** Spontan würde ich die großen Umwälzungen der deutschen Gesellschaft von den demographischen Problemen bis hin zu den schrumpfenden Städten oder die großen Integrationsprobleme nennen. All das spiegelt sich in der Architektur wider, zum Beispiel vom Moscheen-Streit bis hin zum Wiederaufkommen der vermaledeiten Idee der durchgrünten Stadt, die Feigenblatt ist für die Notwendigkeit abreißen zu müssen, weil insbesondere im Osten die Städte allmählich ausbluten. **Wo steht die Architekturkritik in einer Zeit, in der das Normale aus dem Blickfeld der öffentlichen Aufmerksamkeit verschwindet, das Besondere in seiner omnipräsenten Erscheinung zum Normalfall wird?** Ein Hauptaufgabengebiet der Architekturkritik ist es, darauf hinzuweisen, dass markante Bauwerke wie zum Beispiel das Vogelnest in Peking ihre Berechtigung haben und unerlässlich sind als Merkzeichen, dass aber die Hauptsache dessen, was das Baugeschehen bestimmt, natürlich Alltagsarchitektur ist. Und um diese Alltagsarchitektur ist es leider gegenwärtig hier nicht gut bestellt. **Georg und Dorothea Franck schreiben in ihrem kürzlich erschienenen Buch über „Architektonische**

Qualität"[1], **dass die Aggressionen, die einst die Abweichung von der Norm geerntet hätte, heute die Verteidigung der Normalität ernten würde. Ist es schon so weit, dass wir die Normalität verteidigen müssen?** Das kann man uneingeschränkt bejahen. Der gesamte gesellschaftliche Zug in Eventkultur sowie eine ständig auf uns eindringende Abfolge von grellen, Aufmerksamkeit erregenden Bildern hat die Wahrnehmung bereits so geprägt, dass uns das Normale, das ja unbedingt notwendig ist als Grundlage, abhanden gekommen ist, wenn es uns nicht sogar schon provoziert oder gar als Ausnahme ärgert. **Noch eine These von Georg Franck: Er konstatiert in seinem gleichnamigen Buch, dass die „Ökonomie der Aufmerksamkeit"**[2] **jene des Geldes schon in weiten Bereichen der Gesellschaft abgelöst habe. Damit meint er unter anderem, dass in vielen gesellschaftlichen Bereichen das Streben nach öffentlicher Aufmerksamkeit, die sich beispielsweise in Medienpräsenz äußert, das Handeln vieler Akteure bestimme. Sehen Sie den Architekturkritiker als Akteur oder Getriebenen in dieser gesellschaftlichen Strömung?** Architekturkritik ist ein Doppelwesen aus Getriebensein und dem Setzen bestimmter Fixpunkte. Da ich mich als Kritiker mit Architektur beschäftige, die ein Spiegelbild unserer Gesellschaft ist, folge ich auch, ob ich dies will oder nicht, Trends der Gesellschaft. Es kommt nur darauf an, wie ich diese beurteile, sie charakterisiere, mich ihnen stelle und was ich gegebenenfalls dafür oder dagegen unternehme. **Wird Architekturkritik von den meisten Kritikern noch als gesellschaftliche Aufgabe gesehen oder ist sie mehr zu einem Teil der feuilletonistischen Unterhaltungsindustrie geworden?** Sie hat immer noch einen gewissen

Stellenwert behalten, aber die große Bedeutung, die sie mit dem Aufkommen der Postmoderne gewonnen hatte, die große Chance, die sich hier auftat, ist ich will nicht sagen vertan, aber doch wesentlich eingeschränkt. Architekturkritik ist heute – ich merke das auch in meinem redaktionellen Alltag – in den Hintergrund getreten, weil Architektur selbst, von einigen spektakulären Bauten abgesehen, nicht mehr den Aufmerksamkeitsgrad erzielt, den sie vor zehn Jahren hatte. **Spielt die Architekturkritik noch eine Rolle in der architektonischen Bewusstseinsbildung der Öffentlichkeit?** Ja, das hängt zusammen mit dem Stellenwert der Zeitung für öffentliche Information überhaupt. Hier spielt sie weiterhin eine Rolle. Was ich allerdings zuvor schon erwähnte: Die Wertschätzung der Architekturkritik in der Öffentlichkeit hat abgenommen, so ist jedenfalls mein Eindruck. Man bewertet die Kritik eher als Information über Baugeschehen, lässt sich aber nicht mehr so sehr beraten und in seinem Urteil beeinflussen. **Betrachtet man allerdings die Flut der Publikationen und die Häufigkeit und Ausführlichkeit, in der zum Beispiel im Feuilleton über Architektur geschrieben wird, dann habe ich den Eindruck, dass Architektur im Vergleich zu früher in der öffentlichen Wahrnehmung, zumindest quantitativ, einen größeren Stellenwert einnimmt.** Was den internen Betrieb bei den Zeitschriften angeht, würde ich zustimmen. Hier legt man immer noch großen Wert auf Architektur und ihre Kritik. Wenn sie aber beispielsweise große Buchhandlungen anschauen, dann werden sie in den großen Schauauslagen fast durchweg Bände über Rekonstruktionsprojekte finden. Das ist ein Thema, das die Öffentlichkeit beschäftigt. **Wenn es aller-**

dings um Gegenwartsarchitektur oder Architektenmonographien geht, dann bleibt meist nur eine kleine Ecke in der Kunstabteilung. **Wer, meinen Sie, prägt heute maßgeblich das architektonische Bewusstsein der Öffentlichkeit?** Ich denke, das sind eher die kleineren Öffentlichkeiten, damit meine ich die jeweilige Bevölkerung einer Stadt. Dort spielt Architektur eine große Rolle. Wenn es beispielsweise in den Debatten um die eigene Innenstadt geht, wird das mit großer Aufmerksamkeit verfolgt. Man kann auch sagen – und hier sind wir wieder bei der Architekturkritik –, dass Regionalzeitungen vielleicht weitaus mehr über Architektur berichten als große überregionale Zeitungen, allerdings im Sinne einer Berichterstattung über Architektur, weniger als Kritik. **Wie mächtig ist Kritik? Wolfgang Bachmann hat einmal auf meine Frage hinsichtlich der Machtverhältnisse zwischen Architekturkritikern und Architekten die größere Macht bei den Architekten gesehen. Teilen Sie diese Einschätzung?** Ich würde das umgekehrt einschätzen. Wenn es um stadtinterne Bauprojekte oder Probleme geht, hat Architekturkritik, sofern sie es denn wagt ein Urteil zu fällen und sich einzumischen, sehr große Einflussmöglichkeiten. Das geht bis hin zu Großstädten wie Frankfurt. Ich kann aus eigener Erfahrung sagen, die Debatte hier in Frankfurt um die Rekonstruktion eines Stückes Altstadt zwischen Dom und am Römer ist eine, die permanent nachgefragt wird bei mir und bei den Architekturkritikern der anderen beiden großen Tageszeitungen in Frankfurt. Es wird sofort auf Einwände reagiert. Anders steht es, wenn es um internationale Renommierprojekte geht, um Hochhausprojekte in Frankfurt oder die Sammlung Brandhorst in München. Da kann Architekturkritik sich zwar äußern, vielleicht auch Schattierungen in der öffentlichen Meinung erreichen, Bauherrn und Architekten lassen sich aber so kaum beeinflussen. **Nochmals zurück zur Aufmerksamkeit. Ich gehe davon aus, dass auch die Architekturkritik als Teil des Mediengeschäfts Aufmerksamkeit gewinnen muss. Hat das einen Niederschlag in der Sprache der Kritik gefunden?** Sie hat sich verändert, und ich muss sagen, sie hat sich wohltuend verändert. Durch die seit der Postmoderne gestiegene Popularität der Architektur hat sich für die Kritiker ein Zwang herausgebildet, immer verständlicher zu schreiben, sprich das Fachlatein hintanzustellen und eine bildhaftere und verständlichere Sprache zu finden. Das ist eine sehr wohltuende und gute Entwicklung. Die Gefahr dabei ist, dass man zu sehr in ein Schwärmen, in eine Anhäufung von Superlativen gerät und damit die Sache der Kritik, die eindringliche Schilderung und Beurteilung von Architektur, vergisst. **Kann man Architektur überhaupt sprachlich adäquat abbilden? Fällt Ihnen ein besonders gelungenes Beispiel ein?** Das würde ich immer bejahen. Nur ist es eine sehr schwierige Gratwanderung zwischen Schriftstellerei und dem, was Architekturkritik sein soll. Denken sie zum Beispiel an Thomas Manns Buddenbrooks. Wenn Sie das Buch gelesen haben, haben Sie den Eindruck, Sie kennen Lübeck wie Ihre Westentasche und Sie kennen dieses Haus in der Stadt vom Erdgeschoss bis zum Dachfirst. Wenn Sie allerdings nachschauen und bei Thomas Mann nach Architekturbeschreibungen suchen, finden Sie kaum etwas. Er schildert eine Atmosphäre, aber er beschreibt keine Architektur, an keiner Stelle. Auch als

Kritiker muss man die Atmosphäre von Architektur schildern. Allerdings muss man dieses atmosphärische Schildern auch mit den nüchternen Fakten aufladen und dem, was Architektur ist. Wenn man das vereint, wenn man dazu fähig ist, bildet man Architektur adäquat ab. **Was wünschen Sie sich als Architekturkritiker am sehnlichsten?** Ein spürbares Ansteigen der Qualität in der Durchschnittsarchitektur, was mit dem Stichwort vom Bauen im Bestand zusammengefasst wird. Da sehe ich eine große Herausforderung an die Architekten unserer Tage, insbesondere in Deutschland. Da sehe ich auch die große Herausforderung an die Architekturkritik, die Notwendigkeit eines solchen soliden, qualitätvollen und durchaus nicht unoriginellen, aber nicht nur nach Effekten schielenden Bauens durchzusetzen.

1: Georg Franck, Dorothea Franck: Architektonische Qualität, München: Hanser Verlag, 2008
2: Georg Franck: Ökonomie der Aufmerksamkeit. Ein Entwurf, München: Hanser Verlag, 1998

WOLFGANG BACHMANN

**ZWISCHEN
ANSPRUCH UND
KOMMERZ**

Herr Bachmann, als Chefredakteur einer renommierten Architekturzeitschrift sind Sie nicht nur selbst Kritiker, sondern sicher auch kritischer und aufmerksamer Beobachter der eigenen Profession, der Kritiker. Wenn Sie auf Ihre langjährige Tätigkeit zurückschauen, können Sie eine Entwicklung oder Tendenzen in der Architekturkritik feststellen? Die Architekturkritik, die ich vor 20, 30 Jahren erlebt habe, war unauffälliger. Es gab in den Architekturfachzeitschriften in erster Linie Beschreibungen zu Bauwerken und Projekten. Die Kritik bestand vor allem in der Auswahl. Heute braucht man einen Kommentar, also irgendeinen Autor, der irgendetwas schreibt. Das ist so Usus, hat aber oft keinen Nährwert. Fachzeitschriften müssen sich schon allein aus finanziellen Gründen sehr anstrengen, regelmäßig passable Kritiken zu bringen. **Wie beurteilen Sie den Zustand der Architekturkritik in Deutschland heute, insbesondere in puncto Wahrnehmung und Wirkung in Fachwelt und interessierter Öffentlichkeit?** Es ist sehr schwierig zu beurteilen, wie weit die Wahrnehmung geht. Feedback auf Kritik in Fachzeitschriften ist heute eher gering im Vergleich zu früher, als ich bei der Bauwelt gearbeitet habe. Da gab es noch langseitige Leserkommentare zu den Beiträgen. Das ist vorbei und sehr schade, weil man eine sehr viel bessere Zeitschrift machen könnte, wenn man eine direktere Rückmeldung bekäme. Ich habe allerdings nicht den Eindruck, dass von den Architekten ausführliche Kritik erwartet wird. Ein verständnisvoller Nachvollzug ihrer eigenen Arbeit scheint den meisten wichtiger. Da können Sie sich auch Sonderdrucke für die Akquise bestellen. **Vergleicht man Architekturrezensionen mit denen in**

Literatur oder Theater, so kommen sie einem sehr vorsichtig, ja manchmal beinahe ängstlich rücksichtsvoll vor. **Ist die Architekturkritik zu vorsichtig? Nimmt sie zu viele Rücksichten?** In Fachzeitschriften ist man auf die (finanzielle) Kooperation mit den Architekten angewiesen. Das schließt vieles aus. Anders ist es bei der Publikumspresse. Hier wendet sich sowohl die (unabhängigere) Architekturkritik als auch die Theater- oder Literaturkritik vornehmlich an ein interessiertes Laienpublikum. Der Unterschied zwischen den Disziplinen liegt in den literarischen Abschweifungen, der bildreichen Sprache und der Ironie, mit der ein Erlebnis nachvollzogen wird. Das sollte der Architekturkritiker eigentlich auch können. Eine übergeordnete Auseinandersetzung, eine Blickführung via Wort. Ich finde es immer eine gute Übung zu sehen, wie im Feuilleton etwas, das man selbst nicht erlebt hat, durch Worte lebendig wird. Ob die Architekturkritik zu vorsichtig ist? Ich glaube, das liegt vielleicht daran, dass die Kritiker bei den Tageszeitungen ihr Publikum nicht abschrecken wollen, sie haben ja meistens einen schwachen Stand in der Redaktion. Es geht darum, das Publikum zur Architektur hinzuführen, sie ihm nahe zu bringen. Moderne Architektur ist oft ein irritierendes Ereignis, das muss man dem Leser so vermitteln wie Zwölftonmusik. **Das ist ja dann eher ein pädagogischer Ansatz?** Ja. Man sagt dem Leser, es gibt auch Architektur, und die hat wenig mit dem zu tun, was man im Baumarkt kaufen kann oder was am Ortsrand an Gebautem herumsteht. Das ist eher Bauen oder Geldanlage. Architektur muss ich euch erst mal erklären – sagen, es tut nicht weh, schaut doch mal, wie toll das ist. Ich sehe da mehr eine begleitende Unterstützung des Architekten. **Nun wird ja Architekturkritik in Tageszeitungen nicht nur von Laien gelesen, sondern auch vom Fachpublikum, das den pädagogischen Impetus weniger benötigt. Ich persönlich vermisse einen Reich-Ranicki der Architekturkritik.** Wenn einige dieser Sensationsbauten, die gerade in München entstehen, nur Verrisse bekämen, würde das sicherlich einem gewissen Publikum gefallen. Da steht mehr die Absicht im Vordergrund. Wenn ich Architektur ins Feuilleton bringe, muss ich vermitteln. **Worin könnte denn die Aufgabe der Kritik bestehen in einer Zeit heftiger Stilpluralität, in der ein Chipperfield gleichberechtigt neben einer Zaha Hadid, Coop Himmelb(l)au neben Sir Norman Foster steht?** Die Kritik muss dem Leser eine Auseinandersetzung bieten. Man muss die Neugierde haben, sich immer wieder auf andere Auffassungen einzulassen. Das ist im Fall einer Fachzeitschrift so wichtig wie schwierig, weil man sich damit entweder Feinde macht oder als unentschlossener, wachsweicher Kritiker dasteht. Die verschiedenen Haltungen, die es zur Architektur gibt, sind immer wieder Herausforderungen. Verstehen, vermitteln, werten. Aber: Je unsicherer ich mir mit meiner Haltung bin, desto spannender ist es, einen Text zu schreiben. **Mir scheint es, als wäre echte Kritik, nämlich eine, die unterscheidet, die wertet und aus einer erkennbaren Grundhaltung deutlich Position bezieht, nicht so häufig anzutreffen. Viele Rezensionen erschöpfen sich in mehr oder weniger elaborierten Beschreibungen. Klar positionierte und fundierte Kritik wie die von Prof. Jan Pieper im Baumeister zu Ben van Berkels Daimler-Benz Museum kommt nicht so sehr von hauptamtlichen Kritikern,** sondern von außerhalb. Gerade das Beispiel Pieper zeigt aber, dass dieser präzise und eindeutig und fundierte Stellungsbezug eine Diskussion auslösen kann, wie sie sonst selten in Gang kommt. **Liegt darin dann nicht ein gewisses Versagen der professionellen Kritik?** Ich glaube, dass die Trennung zwischen „professioneller" Kritik von außen und „hauptamtlicher" Kritik schwierig ist. Wer ist ein Kritiker? Muss man da im Kritikerverband eingetragen sein? Aus der Sicht einer Fachzeitschrift ist das mehr die Frage: Wen kann ich überhaupt bezahlen? Nebenbei herrscht bei uns Redakteuren das Vorurteil, dass die Kritiken nicht gelesen werden. Man hat allerdings kein klares Bild darüber. Den Wunsch von Architektenseite, bringt doch längere und gründlichere Kritik von guten Schreibern – ich weiß nicht, wie selten ich das gehört habe. Das „Wie hat der Kollege das gelöst" ist interessanter. Deshalb muss man leider feststellen, dass Architekturkritik bei den meisten Fachzeitschriften eine freiwillige Zugabe ist, die nichts mit der von den Verlagen erwarteten Rendite zu tun hat. **Kann Architekturkritik eine politische Dimension haben? Wenn ja, wo liegt diese?** Ja – auch vierzig Jahre nach 68. Es wäre allerdings zwanghaft, bei jedem Projekt eine politische Dimension zu suchen. Es liegt natürlich auch am Kritiker, ob er durchblickt. Beim Jüdischen Zentrum in München sehe ich in jedem Fall eine politische Dimension in der Art, wie der Bauherr sich präsentiert, wie er sich mitten auf einen öffentlichen Platz stellt. Auch die BMW Welt hat eine politische Dimension. Dabei geht es eben nicht ums Formale, auch wenn das von Prix immer so trotzig hingestellt wird. Wenn Coop Himmelb(l)au von ihrer

„Clean Energy Cloud" sprechen, dann drückt das genau das aus, worum es hier nicht geht – um Energieeinsparung und Ressourcenschonung. In Wirklichkeit hat man bei diesem Projekt einen Materialverbrauch inszeniert, der in seinem Wesen etwa den theatralischen Leistungen von Werner Herzogs Fitzcarraldo entspricht. **Vom Inhalt zum Stil: Warum muss ich so selten schmunzeln, von lachen ganz zu schweigen, wenn ich Architekturkritik lese? Ist Architektur eine zu ernste Angelegenheit?** Das ist erst mal schade, wenn das von außen so gesehen wird. Ich meine allerdings auch, dass Architekturkritiker sich mehr von anderen Genres der Kritik abschauen sollten. Es ist dabei eine schwierige Balance, nicht ins Alberne abzusacken. Mit Humor und Ironie muss man, wenn sie nicht wie natürlich, sozusagen von selbst kommen, sehr dosiert umgehen. Wenn auf Kosten der Auseinandersetzung und der exakten Wahrnehmung und Beschreibung einfach nur Wortspiele klingeln, nur so ein journalistischer Flitter drüber liegt, dann nervt das. Ich warte auf eine brillante Satire, auf einen Harald Schmidt der Architekturkritik – das fehlt uns. Allerdings wären die Honorare für Fachzeitschriften unbezahlbar. **Wenn man sich mit Kritikern als Personen befasst, einige auch persönlich kennt und selbst erlebt hat, sieht, wie sie sich auf Fotos selbst inszenieren und verwandeln oder sich veranlasst sehen, unter prätentiösen Pseudonymen zu schreiben (Angst vor Verfolgung?), dann drängt sich einem eine Frage auf: Sind Architekturkritiker besonders eitel?** Da kann ich eigentlich nur mit einer Gegenfrage antworten: Wie steht es denn mit den Architekten? **Darauf kann ich Ihnen sofort antworten. Architekten sind eitel – und wie.**

Doch um die Frage dann aus meiner Sicht gleich selbst mit zu beantworten: Kritiker stehen ihnen in nichts nach. Gibt es denn einen großen Unterschied zwischen den Generationen von Kritikern? Wie ich schon erwähnt habe, wurden vor 30 Jahren die Redakteure eingestellt, um eine Haltung zu verkörpern. Das waren schreibende Architekten. Heute sind Redakteure in erster Linie dazu da, um Umsatz und Gewinn zu machen. **Das Verhältnis von Kritiker zu Architekt wird von Seiten der letzteren häufig als ein asymmetrisches Verhältnis gesehen – mit deutlichen Vorteilen auf Seiten des Kritikers. Würden Sie das unterschreiben?** Wenn Sie sehen, was ein Architekt alles tut, um zu kommunizieren, dass es Seminare für Öffentlichkeitsarbeit gibt, Agenturen beauftragt werden und dicke Monographien entstehen, mit denen große Büros bei den Entscheidungsträgern antichambrieren – was bedeutet dagegen eine Kritik, selbst wenn sie in einer großen Tageszeitung erscheint, von einer Fachzeitschrift ganz zu schweigen? Was die Großkopferten betrifft, da ist das Verhältnis ein asymmetrisches, aber ganz bestimmt nicht zugunsten der Kritiker – nein, diese Architekten haben viel mehr Macht. **Damit sagen Sie aber auch eindeutig, dass Publikationsmasse auch die beste journalistische Klasse in der Wirkung aussticht.** Im Vergleich zur Publikationswalze der Stararchitekten ist eine Kritik nicht mehr als ein kleiner Nadelstich, der bei den Entscheidungsträgern gar nicht ankommt. Meist sind die Autoren bekannte Kritiker, die sich damit ihren Lebensunterhalt verdienen müssen. **Abschließend gefragt: Was würden Sie sich als Kritiker wünschen?** Resonanz, ein Lebenszeichen der Leserschaft ist natürlich ganz wichtig. Das Gefühl wahrgenommen zu werden. Es ist ja schon eine Belohnung, als Redakteur überhaupt schreiben zu dürfen. Eine Folge der Globalisierung ist, dass Architekten überall bauen, aber die Kritiker es sich nicht mehr leisten können, alles vor Ort anzusehen. Wenn man die Position eines Redakteurs so definieren würde, dass er nicht anderes zu tun hat, als seiner klassischen Arbeit nachzugehen, dann wäre man ein ganz großes Stück weiter: Du musst hier nichts machen als die beste aller Kritiken schreiben, du musst Ahnung von Architektur haben, Architekten kennen und Architekturveranstaltungen besuchen. Dich muss jeder kennen und deine Kritik nicht fürchten, sondern schätzen. Wenn man so eine Redaktion aufbauen könnte, das wären goldene Zeiten.

BIOGRAFIEN

FRIEDRICH ACHLEITNER
Geboren 1930 in Schalchen, Oberösterreich. Nach Matura und Höherer Bundesgewerbeschule Salzburg, Abteilung Hochbau, Studium an der Akademie der bildenden Künste Wien, Meisterschule Clemens Holzmeister, anschließend Meisterschule Emil Pirchan (Bühnenbild). 1953 bis 1958 freischaffender Architekt. Als freier Schriftsteller Mitglied der „wiener gruppe" und des „literarischen cabaret". 1961 Architekturkritiker der Abendzeitung und der Tageszeitung Die Presse. 1963 bis 1983 Lehrtätigkeit an der Akademie der bildenden Künste, Wien, danach bis zur Emeritierung 1998 Vorstand der Lehrkanzel für „Geschichte und Theorie der Architektur" an der Hochschule für angewandte Kunst.

WOLFGANG BACHMANN
verweilte sich nach dem Architekturstudium mit einer Dissertation und fand danach einige Jahre Unterschlupf in Architekturbüros. Dort konnte er sich nie entscheiden, was er aus den ganzen Fachzeitschriften abkupfern sollte, entlief deshalb zur Bauwelt und war von 1991 bis 2013 beim Baumeister, zunächst als Chefredakteur und ab 2011 als Herausgeber.

DIETER BARTETZKO
1949 in Rodalben/Pfalz geboren. Studium der Kunstgeschichte, Germanistik, Soziologie in Frankfurt am Main, Berlin, Marburg mit anschließender Promotion. 1983 bis 1993 regelmäßige freie Mitarbeit in Kulturredaktionen des Hessischen Rundfunks, bei Architekturfachzeitschriften und der Frankfurter Rundschau. Themenschwerpunkte u.a. Architekturkritik und Denkmalpflege. 1993 bis 1994 Vertretungsprofessur Kunstgeschichte an der Fachhochschule Mainz. Seit Juli 1994 Architekturkritiker der Frankfurter Allgemeinen Zeitung. 2006 Preis für Architekturkritik des Bundes Deutscher Architekten. Dieter Bartetzko lebt in Frankfurt am Main.

URSULA BAUS
Studium der Kunstgeschichte, Philosophie und Klassischen Archäologie in Saarbrücken. Architekturstudium in Stuttgart und Paris. Promotion. 1987 bis 2004 Redakteurin, 1989 in Paris. Korrespondenz für internationale Publikums- und Fachpresse. 2004 Mitbegründerin von frei04 publizistik, Stuttgart; freie Architekturkritikerin und -wissenschaftlerin. 2004 bis 2010 Lehraufträge für Architekturkritik und -theorie an der Uni Stuttgart und der Akademie der Bildenden Künste Stuttgart. Im Stiftungsrat der Schelling Architekturstiftung, bis 2012 stellvertretende Vorsitzende des Beirats der Bundesstiftung Baukultur. Seit 2010 im wissenschaftlichen Kuratorium der IBA Basel 2020. Prize Expert Mies van der Rohe Award. Buchpublikationen, Vorträge, Diskussionen, Jurys. Zahlreiche Buch-, Zeitschriften- und Online-Beiträge.

WOJCIECH CZAJA

1978 geboren in Ruda Slaska, Polen, ist freischaffender Journalist für Tageszeitungen und Fachmagazine, u.a. für Der Standard, Frankfurter Allgemeine Zeitung und Neue Zürcher Zeitung. Er ist Autor zahlreicher Architekturbücher, u.a. „periscope architecture" (2007), „Wohnen in Wien" (2012) und „Zum Beispiel Wohnen" (2012). Außerdem arbeitet er als Moderator und leitet Diskussionsrunden in den Bereichen Architektur, Immobilienwirtschaft, Kunst und Kultur. Seit 2011 ist er Gastprofessor an der Universität für Angewandte Kunst in Wien und unterrichtet Kommunikation und Strategie für Architekten.

MICHAEL GEBHARD

Geboren 1959 in Memmingen, hat an der TU München und der Bartlett School des University College in London Architektur studiert. Er führt gemeinsam mit seiner Partnerin Ingrid Burgstaller seit 1989 das Architekturbüro morphologic in München. Als Redaktionsmitglied der Zeitschrift BDA Informationen des BDA Bayern hat er alle hier abgedruckten Gespräche geführt.

ROMAN HOLLENSTEIN

Geboren 1953, war Roman Hollenstein nach seiner Promotion in Kunst- und Architekturgeschichte als wissenschaftlicher Assistent der Sammlungen des Fürsten von Liechtenstein in Vaduz und Wien tätig, arbeitete am Kunstmuseum Basel, erfüllte Lehraufträge an der Universität Bern und unterrichtete an der Hochschule für Gestaltung in Zürich. Als Direktionsmitglied stand er 1987 bis 1990 der Abteilung Kunstgeschichte des Schweizerischen Instituts für Kunstwissenschaft in Zürich vor. Seit 1990 zeichnet er als Feuilletonredakteur bei der Neuen Zürcher Zeitung für die Gebiete Architektur, Denkmalpflege und Design verantwortlich. Publikationen u.a. zur Kunst um 1800, zur zeitgenössischen Schweizer Architektur, zur Museumsarchitektur, zum Synagogenbau sowie zur Architektur in Israel. 2012 wurde Roman Hollenstein mit dem Preis für Architekturkritik des BDA ausgezeichnet.

CLAUS KÄPPLINGER

Geboren 1963, Architektur- und Stadtkritiker in Berlin. Studium der Sozial- und Kunstgeschichte, Soziologie und Philosophie in Mainz, Perugia und FU Berlin. Tätigkeit für das Deutsche Architektur Museum in Frankfurt am Main, das Institut Français d´Architecture, Paris, für den Deutschlandsender-Kultur und die Zeitschrift *greenbuilding* sowie das Institut Français d´Architecture in Paris. Initiator und Organisator der deutsch-österreichischen Architektengruppe „Berlin und seine Zeit" und der internationalen Architektengruppe „La grande étagére". Seit 1998 Organisator und Moderator des interdisziplinären Diskussionskreises „Stadtsalon". Heute als freier Journalist und Berater für zahlreiche nationale und internationale Fachzeitschriften und Architekturinstitutionen tätig. Lehraufträge u.a. an der TU Braunschweig, TU Berlin, UDK Berlin und Nagoya City University.

BENEDIKT LODERER
1945 in Bern geboren, studierte Benedikt Loderer nach einer Bauzeichnerlehre Architektur an der ETH in Zürich. Anschließend war er Hochschulassistent, Fernsehvolontär und angestellter Architekt. Dann driftete er ins Zeitungsschreiben ab und war einige Jahre freier Journalist, namentlich als „Stadtwanderer" und Architekturkritiker beim Tages-Anzeiger. Er promovierte, schrieb Hörspiele und ein Fernsehstück und war Teilzeitredakteur der Architekturzeitschrift aktuelles bauen. 1988 Gründung und Chefredakteur (bis 1997) von Hochparterre, einer redaktionseigenen Zeitschrift für Architektur, Design und Planung. 2010 hat er sich pensioniert, lebt seither in Biel und schreibt weiter. 2012 erschien in der Edition Hochparterre seine „Beschreibung des Schweizerzustands: Die Landesverteidigung".

GERHARD MATZIG
Geboren 1963 in Deggendorf, absolvierte ein Volontariat. Er studierte Rechtswissenschaften, Politikwissenschaft und Architektur in Passau und München. Stipendien. Abschluss 1993 als Dipl. Ing. univ. Danach Tätigkeit als freier Autor für Zeitungen und Zeitschriften. Seit 1997 Redakteur der Süddeutschen Zeitung, seit 2001 Leitender Redakteur. Lehraufträge, Honorarprofessur. Buchveröffentlichungen, Kritikerpreise. Gerhard Matzig ist verheiratet, hat drei Kinder und lebt in München.

HANNO RAUTERBERG
1967 in Celle geboren, ist Redakteur im Feuilleton der ZEIT und schreibt dort vor allem über Kunst, Architektur und Städtebau. Er ist promovierter Kunsthistoriker und Absolvent der Henri-Nannen-Journalisten-Schule. Seit 2007 Mitglied der Freien Akademie der Künste in Hamburg. Zuletzt erschienen „Wir sind die Stadt! Urbanes Leben in der Digitalmoderne" (Suhrkamp) und „Worauf wir bauen – Begegnungen mit Architekten" (Prestel).

WOLFGANG JEAN STOCK
1948 in Aschaffenburg (Bayern) geboren. Studium von Neuerer Geschichte, Politologie und Soziologie in Frankfurt am Main und Erlangen. Nach wissenschaftlicher und journalistischer Tätigkeit 1978 bis 1985 Direktor des Kunstvereins München, anschließend Architekturkritiker der Süddeutschen Zeitung, stellvertretender Chefredakteur der Architekturzeitschrift Baumeister, Chefredakteur der Zeitschrift Der Architekt und freier Publizist sowie Buchautor, daneben Leitung von Architekturexkursionen. Seit 2006 Geschäftsführer der DG Deutsche Gesellschaft für christliche Kunst mit Sitz in München und künstlerischer Leiter ihrer Galerie. Daneben freiberufliche Tätigkeit als Architekturkritiker für Fachzeitschriften und überregionale Zeitungen (FAZ, SZ) sowie als Referent und Moderator von Veranstaltungen.

DANK
dem BDA-Landesverband Bayern e.v.
verteten durch den Landesvorsitzenden Karlheinz Beer
und der Redaktion der „BDA-Informationen"
für die Unterstützung zur Verwirklichung dieser Publikation

HERAUSGEBER
Michael Gebhard
für den BDA-Landesverband Bayern e.v.

GESPRÄCHE
erstmals erschienen in
„BDA-Informationen" des
Landesverbandes Bayern e.v
Gespräche mit Ursula Baus 01/2013
Roman Hollenstein 04/2012, Hanno Rauterberg 02/2012
Wojciech Czaja 04/2011, Wolfgang Jean Stock 02/2011
Gerhard Matzig 01/2011, Benedikt Loderer 03/2009
Friedrich Achleitner 02/2009, Claus Käpplinger 01/2009
Dieter Bartetzko 04/2008, Wolfgang Bachmann 04/2007

REDAKTION
Michael Gebhard, München
LEKTORAT
Ilonka Kunow, Gauting
GRAFISCHE KONZEPTION UND GESTALTUNG
Stephanie Krieger, München – Wien

DRUCK
Gotteswinter und Aumaier GmbH, München
VERTRIEB
Dölling und Galitz Verlag GmbH Hamburg – München
E-Mail: dugverlag@mac.com
www.dugverlag.de
Friedensallee 26, 22765 Hamburg, Tel. 040-3893515
Schwanthalerstraße 79, 80336 München, Tel. 089-23230966

1. Auflage: 1.000 Stück
ISBN: 978-3-86218-072-1
© 2014 BDA Landesverband Bayern e.V. /
Herausgeber, Autoren sowie dem Verlag

**HERAUSGABE DIESES BUCHES DANK
UNTERSTÜTZUNG VON:**

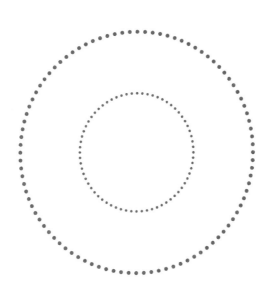

Lieber Dirk,

danke, dass Du da warst.
Ihr seid toll!

Alles Gute
Ri ♡